2014
高级珠宝拍卖年鉴

包章泰　主编

華齡出版社

责任编辑：李成志　薛　治
装帧设计：李建军
责任印制：李未圻

图书在版编目（CIP）数据

2014高级珠宝拍卖年鉴 / 包章泰主编. -- 北京 : 华龄出版社, 2014.1
ISBN 978-7-5169-0435-0

Ⅰ. ①2… Ⅱ. ①包… Ⅲ. ①宝石－拍卖－世界－2014－年鉴 Ⅳ. ①F746.87-54

中国版本图书馆CIP数据核字(2014)第013107号

书　　名：2014高级珠宝拍卖年鉴
作　　者：包章泰　主编
出版发行：华龄出版社
印　　刷：北京盛兰兄弟印刷装订有限公司
版　　次：2014年2月第1版　2014年2月第1次印刷
开　　本：787×1092毫米 1/16　　印　　张：12
字　　数：248千字　　印　　数：1～2000
定　　价：118.00元

地址：北京西城区鼓楼西大街41号　　邮编：100009
电话：84044445（发行部）　　传真：84039173
网址：http://www.hualingpress.com

编写说明

《2014拍卖年鉴》系列丛书本着更好地为国内外收藏爱好者服务的宗旨，注重时效性、系统性、全面性、实用性和前瞻性，收录了国内外近三十家著名拍卖公司2013年全年（含春拍、秋拍及少量公司的四季拍卖专场）的艺术品拍卖精品近万件，丛书包含了玉器、瓷器、家具、名酒、珠宝、杂项等六大类。每本书中均详细记录了每件拍品的名称、创作（生产）时期、规格、部分拍品特征描述、估价、成交价、拍卖公司、拍品编号、拍卖时间等信息，让广大收藏爱好者能够一目了然地掌握该类拍品有序的传承信息、详细特征和市场行情发展趋势，为自己当前及下一步的投资活动提供参考，以便更好地进行收藏投资活动，获得最佳的收藏投资效果！

注：书中估价、成交价的货币种类均为简写，并以拍卖公司当地信息为准，描述如下：人民币（RMB）、港币（HKD）、台币（TWD）、美元（USD）、欧元（EUR）、英镑（GBP）、日元（JPY）、新加坡元（SGD）等。

特别鸣谢

中国嘉德国际拍卖有限公司
（书中简写为：中国嘉德）
北京保利国际拍卖有限公司
（书中简写为：北京保利）
北京匡时国际拍卖有限公司
（书中简写为：北京匡时）
北京翰海拍卖有限公司
（书中简写为：北京翰海）
北京东正拍卖有限公司
（书中简写为：北京东正）
北京诚轩拍卖有限公司
（书中简写为：北京诚轩）
北京九歌国际拍卖股份有限公司
（书中简写为：北京九歌）
北京华辰拍卖有限公司
（书中简写为：北京华辰）
大唐国际拍卖（北京）有限责任公司
（书中简写为：大唐国际）
北京远方国际拍卖有限公司
（书中简写为：北京远方）
北京荣宝拍卖有限公司
（书中简写为：北京荣宝）
北京传是国际拍卖有限责任公司
（书中简写为：北京传是国际）
北京银座国际拍卖有限公司
（书中简写为：北京银座国际）
舍得拍卖（北京）有限公司
（书中简写为：舍得拍卖）
北京歌德拍卖有限公司
（书中简写为：北京歌德）
中国嘉德香港国际拍卖有限公司
（书中简写为：中国嘉德香港）
保利香港拍卖有限公司
（书中简写为：保利香港）
宝港国际拍卖有限公司
（书中简写为：宝港国际）
香港邦瀚斯拍卖行
（书中简写为：香港邦瀚斯）
香港天成国际拍卖有限公司
（书中简写为：香港天成）
香港佳士得艺术品拍卖有限公司
（书中简写为：香港佳士得）
罗夫奥（香港）拍卖公司
（书中简写为：罗夫奥香港拍卖）
苏富比（香港）有限公司
（书中简写为：香港苏富比）
上海朵云轩拍卖有限公司
（书中简写为：上海朵云轩）
上海新华拍卖有限公司
（书中简写为：上海新华）
荣宝斋（上海）拍卖有限公司
（书中简写为：上海荣宝斋）
台北门德扬拍卖有限公司
（书中简写为：台北门德扬）
南京正大拍卖有限公司
（书中简写为：南京正大）
迦南国际拍卖有限公司
（书中简写为：迦南国际）
广州华艺国际拍卖有限公司
（书中简写为：广州华艺）
河南鸿远拍卖有限公司
（书中简写为：河南鸿远）
厦门特拍拍卖有限公司
（书中简写为：厦门特拍）
西泠印社拍卖有限公司
（书中简写为：西泠印社）
佳士得（伦敦）有限公司
（书中简写为：伦敦佳士得）
佳士得（纽约）有限公司
（书中简写为：纽约佳士得）
苏富比（纽约）有限公司
（书中简写为：纽约苏富比）
日本横滨国际拍卖公司
（书中简写为：横滨国际拍卖）
日本美协拍卖公司
（书中简写为：日本美协）
日本伊斯特拍卖有限公司
（书中简写为：东京伊斯特拍卖）
新加坡宝福得拍卖行
（书中简写为：新加坡宝福得）

注：以上拍卖公司排名不分先后。

阅读指南

书眉显示了本书所收录的拍品类别及在本书中的页码位置。

20　2014高级珠宝拍卖年鉴

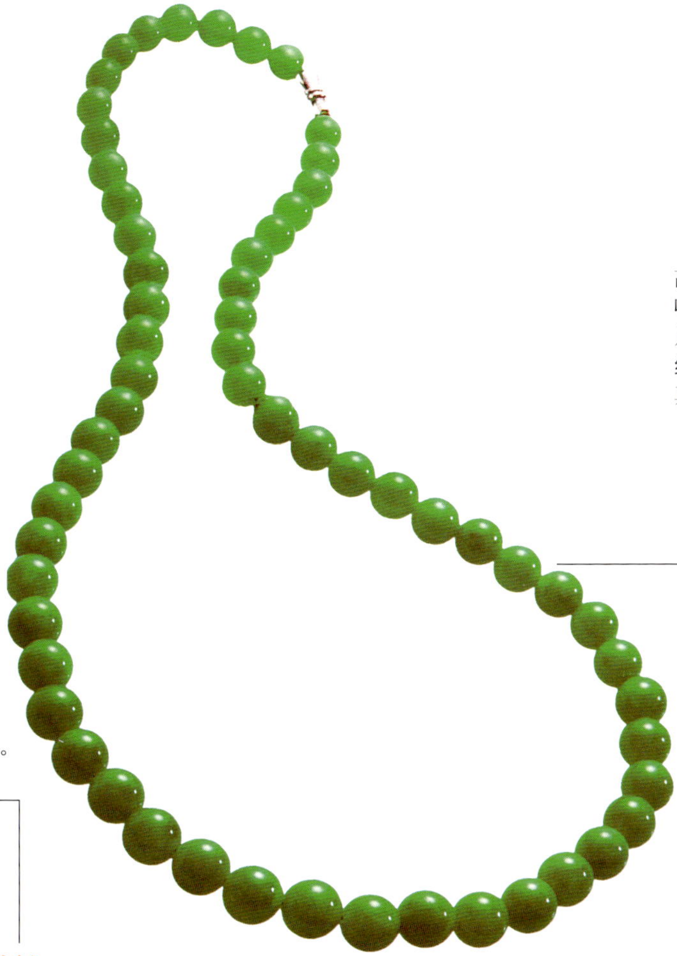

高清数码拍实物图片，收藏爱好者可依据此图片更直观地了解拍品的细节特征、更好地分辨真伪。

本拍品的详细中文名称。

本拍品的详细规格介绍，有的拍品有质量信息。

天然翡翠珠链

最小的珠子直径约为7.80，最大的珠子直径约为10.34毫米

此项链由61颗翡翠珠子相连而成，所有珠子均呈满绿色，翠色鲜艳，质地较为细腻，颗颗饱满。

估　价：RMB430,000–480,000

成交价：RMB494,500

广州华艺，1650，2013年12月18日

本拍品的详细特征介绍。

拍卖活动前由权威专家综合市场走势给出的预估价。

本拍品在本次拍卖活动中最终的成交价格。

此拍品所属拍卖公司名称简写。

本拍品在市场拍卖活动中的拍卖编号。

本拍品所属拍卖公司举办本次拍卖活动的时间。

目　录

翡翠/1

钻石/27

祖母绿/69

珊瑚/87

琥珀/117

紫水晶/121

红宝石/123

蓝宝石/143

猫眼/173

欧泊/175

翡翠

翡翠手镯

手镯内径约为61.5毫米，宽约17.5毫米，厚约7毫米

估　价：RMB2,500,000–3,500,000

估　价：USD396,800–555,600

中国嘉德，2923，2013年5月12日

翡翠手镯（一对）

手镯内径为54毫米，宽约为11毫米，厚约为10.5毫米

估　价：RMB400,000–600,000

估　价：USD63,500–95,200

成交价：RMB1,000,500

中国嘉德，2920，2013年5月12日

翡翠手镯

手镯内径约为55毫米，宽约11毫米，厚约7毫米

满绿翡翠手镯，品相完美，翠色浓郁，质地细腻，玻璃光泽。

估　价：RMB1,600,000–2,300,000

估　价：USD254,000–365,100

成交价：RMB1,725,000

中国嘉德，2895，2013年5月12日

翡翠手镯（一对）

手镯内径分别为59.10毫米和58.90毫米，镯圈直径为分别为9毫米和8.92毫米。

此对手镯均为满绿色冰种翡翠，种份好，质地细腻通透。

估　价：RMB125,000–200,000

成交价：RMB137,500

北京华辰，1161，2006年6月4日

翡翠手镯

手镯内径约为56毫米，宽约12毫米，厚约7.5毫米

三彩翡翠手镯，品相完美，镯身呈绿色、黄色及白色，质地细腻，透明度好，寓意“福、禄、寿”。

估　价：RMB1,000,000–1,500,000

估　价：USD158,700–238,100

中国嘉德，2900，2013年5月12日

翡翠手镯

手镯内径为54.96毫米，镯壁宽11.08毫米，镯壁厚8.52毫米。

翡翠翠质细腻，三分之一呈艳绿色，分外精神。手镯整体打磨规整，内圈为平，佩戴舒适。

估　价：RMB300,000–380,000

北京华辰，1160，2006年6月4日

翡翠手镯（一对）

手镯内径约为53.5毫米，宽约为8.5毫米，厚约为8.5毫米
镯身各有一部分呈艳绿色，品相完美，质地细腻，玻璃光泽。
估　价：RMB720,000–980,000
估　价：USD114,300–155,600
中国嘉德，2898，2013年5月12日

翡翠手镯

手镯内径约为53毫米，宽约9毫米，厚约6毫米
估　价：RMB500,000–750,000
估　价：USD79,400–119,000
中国嘉德，2922，2013年5月12日

翡翠戒指

总重17.889克
估　价：RMB20,000–30,000
成交价：RMB43,700
北京远方，1188，2013年12月2日

翡翠戒指

总重15.957克
估　价：RMB40,000–60,000
北京远方，1222，2013年12月2日

翡翠戒指

总重13.515克
估　价：RMB20,000–30,000
成交价：RMB23,000
北京远方，1189，2013年12月2日

翡翠正阳色满绿戒指

总重12.043克
估　价：RMB60,000–100,000
北京远方，1224，2013年12月2日

铂金翡翠戒指（三件）

重分别为6.4克、6.4克、8.54克
估　价：JPY80,000
估　价：RMB5,200
横滨国际，1013，2013年9月1日

天然满绿翡翠配镶钻石项链

珠粒直径约为11.25～14.60毫米，珠链长度约为550毫米

此项链由33颗满绿色的翡翠珠子串联而成，饱满莹润，颜色浓郁均匀，翠中上品。

估　价：RMB1,000,000–1,500,000

成交价：RMB1,150,000

北京保利，6837，2013年6月5日

翡翠珠子项链

珠子直径为大约为9.5～10毫米，珠链总长度为750毫米

估　价：RMB1,300,000–1,900,000

估　价：USD206,300–301,600

中国嘉德，2907，2013年5月12日

铂金翡翠戒指（二件）

直径为分别为4.1毫米、5.6毫米；重量分别为5.60克、7.3克

估　价：JPY80,000

估　价：RMB5,200

横滨国际，1014，2013年9月1日

翡翠珊瑚项链

翡翠扁豆长约为38毫米，宽12.5毫米，厚8毫米，项链总长310毫米

黑色丝绳编织的上缀满绿翡翠及红色珊瑚项链，3块翡翠材料翠色阳正、质地细腻，玻璃光泽，分别雕刻扁豆及花朵，两块红珊瑚雕刻了月季及寿桃，有“花开富贵、福寿双全”的美好寓意。

估　价：RMB300,000–400,000

估　价：USD47,600–63,500

中国嘉德，2901，2013年5月12日

铂金翡翠戒指（三件）

重量分别为6.70克、7.6克、8.28克

估　价：JPY120,000

估　价：RMB7,800

横滨国际，1015，2013年9月1日

铂金翡翠戒指

重9.00克

估　价：JPY80,000

估　价：RMB5,200

横滨国际，1025，2013年9月1日

铂金翡翠戒指

直径为6.3毫米，重9.76克

估　价：JPY50,000

估　价：RMB3,250

横滨国际，1026，2013年9月1日

铂金翡翠戒指
直径为2.1毫米，重6.48克
估　价：JPY50,000
估　价：RMB3,250
横滨国际，1108，2013年9月1日

铂金翡翠戒指
直径为2.1毫米，重6.48克
估　价：JPY50,000
估　价：RMB3,250
横滨国际，1109，2013年9月1日

翡翠珠子项链
直径为大约为13.5～16毫米，珠链总长度为580毫米
单串精品翡翠珠子项链，珠子共36颗，所有珠子均为满绿，翠色阳俏、质地细腻，珠子大小适中，配镶圆形钻石的白18K金链扣。
估　价：RMB2,900,000–3,900,000
估　价：USD460,300–619,000
中国嘉德，2910，2013年5月12日

铂金翡翠戒指
直径为6.8毫米，重7.80克
估　价：JPY80,000
估　价：RMB5,200
横滨国际，1110，2013年9月1日

铂金翡翠戒指
直径为2.6毫米，重7.6克
估　价：JPY100,000
估　价：RMB6,500
横滨国际，1112，2013年9月1日

铂金翡翠戒指
直径为7.6毫米，重8.23克
估　价：JPY100,000
估　价：RMB6，500
横滨国际，1113，2013年9月1日

18K金翡翠项链

长440毫米，重67.00克
估　价：JPY200,000
估　价：RMB13,000
横滨国际，1029，2013年9月1日

铂金翡翠戒指

直径为9.6毫米，重12.55克
估　价：JPY80,000
估　价：RMB5,200
横滨国际，1114，2013年9月1日

铂金翡翠戒指

直径为9.1毫米，重8.77克
估　价：JPY60,000
估　价：RMB3,900
横滨国际，1115，2013年9月1日

翡翠钻戒

重8.2323克
估　价：RMB4,000–8,000
成交价：RMB10,350
北京远方，1114，2013年12月2日

铂金翡翠戒指

直径为10.9毫米，重12.00克
估　价：JPY120,000
估　价：RMB7,800
日本美协，241，2013年9月7日

铂金翡翠戒指

直径为9.8毫米，重10.07克
估　价：JPY60,000
估　价：RMB3,900
横滨国际，1116，2013年9月1日

铂金翡翠戒指
直径为3.4毫米，重7.66克
估　价：JPY30,000
估　价：RMB1,950
横滨国际，1118，2013年9月1日

铂金翡翠戒指
直径为6毫米，重8.44克
估　价：JPY50,000
估　价：RMB3,250
横滨国际，1119，2013年9月1日

铂金翡翠戒指
重13.25克
估　价：JPY30,000
估　价：RMB1,950
横滨国际，1117，2013年9月1日

铂金翡翠戒指
直径为1.8毫米，重7.10克
估　价：JPY60,000
估　价：RMB3,900
横滨国际，1121，2013年9月1日

铂金翡翠戒指
直径为4.4毫米，重10.90克
估　价：JPY80,000
估　价：RMB5,200
横滨国际，1122，2013年9月1日

铂金翡翠戒指
直径为9.7毫米，重9.62克
估　价：JPY60,000
估　价：RMB3,900
横滨国际，1123，2013年9月1日

铂金翡翠戒指
直径为4.7毫米，重8.06克
估　价：JPY50,000
估　价：RMB3,250
横滨国际，1124，2013年9月1日

铂金翡翠戒指
直径为5.2毫米，重5.91克
估　价：JPY150,000
估　价：RMB9,750
横滨国际，1125，2013年9月1日

铂金翡翠戒指
直径为3毫米，重13.90克
估　价：JPY100,000
估　价：RMB6,500
日本美协，240，2013年9月7日

翡翠钻石项链及耳环（一套三件）

项链长420毫米，耳环长56毫米

估　价：HKD450,000

大唐国际，44，2013年11月28日

天然翡翠蛋面钻石项链

最大蛋面尺寸约14.75毫米×13.50毫米×6.56毫米，项链长度约405毫米，镶18K白金，钻石共重约12.51克拉

估　价：HKD3,500,000-4,500,000

估　价：USD452,000-580,000

香港天成，※481，2013年12月8日

18K金翡翠戒指（二件）

重量分别为3.72克、6.81克

估　价：JPY80,000

估　价：RMB5,200

横滨国际，1012，2013年9月1日

翡翠钻石项坠

翡翠高42.5毫米，宽约19.5毫米

白18K金镶嵌满绿翡翠项坠，翠色阳俏、匀称，质地细腻，透明度好，雕刻观音菩萨端坐莲台像，配镶圆形钻石。

估　价：RMB800,000–1,200,000

估　价：USD127,000–190,500

中国嘉德，2921，2013年5月12日

翡翠钻石项坠

翡翠长度48毫米，宽26.5毫米，厚2.5毫米

白18K金镶嵌满绿树叶形翡翠项坠，整体设计大方、华丽，做工讲究，翠色浓艳、匀称，质地细腻，透明度好，配镶圆形钻石，寓意“事业有成”。

估　价：RMB480,000–600,000

估　价：USD79,200–95,200

中国嘉德，2930，2013年5月12日

18K金翡翠戒指

重16.90克

估　价：JPY50,000

估　价：RMB3,250

横滨国际，1011，2013年9月1日

18K金翡翠戒指

直径为12.80毫米，重6.9克

估　价：JPY80,000

估　价：RMB5,200

横滨国际，1120，2013年9月1日

铂金翡翠戒指（四件）
重量分别为7.20克、4.66克、3.09克、5.47克
估　价：JPY80,000
估　价：RMB5,200
横滨国际，1017，2013年9月1日

铂金翡翠戒指
直径为6.8毫米，重11.90克
估　价：JPY100,000
估　价：RMB6,500
日本美协，269，2013年9月7日

铂金翡翠戒指（三件）
重分别为6.4克、6.4克、8.54克
估　价：JPY80,000
估　价：RMB5,200
横滨国际，1013，2013年9月1日

铂金翡翠戒指
直径为12.5毫米，重13.00克
估　价：JPY120,000
估　价：RMB7,800
日本美协，270，2013年9月7日

铂金翡翠戒指
直径为2.8毫米，重6.20克
估　价：JPY120,000
估　价：RMB17,800
日本美协，268-1，2013年9月7日

铂金翡翠戒指
直径为12.8毫米，重15.20克
估　价：JPY180,000
估　价：RMB11,700
日本美协，242，2013年9月7日

铂金翡翠戒指
直径为7.9毫米，重7.10克
估　价：JPY180,000
估　价：RMB11,700
日本美协，243，2013年9月7日

铂金翡翠戒指
直径为5毫米，重12.50克
估 价：JPY80,000
估 价：RMB5,200
横滨国际，1111，2013年9月1日

铂金翡翠戒指
直径为1.4毫米，重4.4克
估 价：JPY120,000
估 价：RMB17,800
日本美协，268–2，2013年9月7日

铂金翡翠戒指
直径为1.4毫米，重5.6克
估 价：JPY120,000
估 价：RMB17,800
日本美协，268–3，2013年9月7日

铂金翡翠戒指
直径为1.4毫米，重4.8克
估 价：JPY120,000
估 价：RMB17,800
日本美协，268–4，2013年9月7日

铂金翡翠戒指
直径为5.4毫米，重11.7克
估 价：JPY100,000
估 价：RMB6,500
日本美协，271，2013年9月7日

铂金翡翠戒指
直径为4.78毫米，重9.60克
估 价：JPY100,000
估 价：RMB6,500
日本美协，272，2013年9月7日

铂金翡翠戒指
直径为8.7毫米，重12.75克
估 价：JPY120,000
估 价：RMB7,800
日本美协，274，2013年9月7日

铂金翡翠戒指
直径为8.2毫米，重14.84克
估 价：JPY180,000
估 价：RMB11,700
日本美协，275，2013年9月7日

铂金翡翠戒指
直径为6.9毫米，重9.24克
估 价：JPY100,000
估 价：RMB6,500
日本美协，278，2013年9月7日

缅甸天然翡翠珠链

全链由多达178颗玉珠组成，其玉质丰润剔透，色彩翠艳欲滴，浑圆饱满，颗颗润泽通透，真正符合极品翡翠“匀、浓、正、阳”的最高要求，以双层款式呈现，凸显其不凡的皇家气势与风范。连珠合璧，象征人才和美好的事物聚集一起，一串颗颗均匀细腻、色泽优美晶莹的质地，以最奢华精细的手法打孔勾串珠链，晶莹华美，实为珠圆玉润之最佳演绎，是极富收藏价值的经典绝品。

估　价：HKD12,000,000–16,000,000
估　价：USD1,548,400–2,064,500
估　价：TWD46,154,000–61,538,000
成交价：HKD15,200,000
成交价：USD1,960,784
罗夫奥香港，796，2013年11月26日

铂金翡翠戒指

重9.7克
估　价：JPY80,000
估　价：RMB5,200
日本美协，333，2013年9月7日

铂金翡翠戒指

直径为8.1毫米，重8.95克
估　价：JPY70,000
估　价：RMB4,550
日本美协，334，2013年9月7日

铂金翡翠戒指

直径为18.1毫米，重10.05克
估　价：JPY150,000
估　价：RMB9,750
日本美协，335，2013年9月7日

铂金翡翠戒指

直径为6.4毫米，重7.11克
估　价：JPY70,000
估　价：RMB4,550
日本美协，336，2013年9月7日

铂金翡翠戒指

直径为11毫米，重14.61克
估　价：JPY450,000
估　价：RMB29,250
日本美协，397，2013年9月7日

铂金翡翠戒指

直径为8毫米，重14.42克
估　价：JPY300,000
估　价：RMB19,500
日本美协，408，2013年9月7日

铂金翡翠戒指

直径为12.58毫米，重26.25克
估　价：JPY500,000
估　价：RMB32,500
日本美协，409，2013年9月7日

铂金翡翠戒指

直径为24.9毫米，重16.20克
估　价：JPY900,000
估　价：RMB58,500
日本美协，410，2013年9月7日

铂金翡翠戒指

直径为13毫米，重10.53克
估　价：JPY400,000
估　价：RMB26,000
日本美协，411，2013年9月7日

铂金翡翠戒指
直径为10.5毫米，重10.9克
估　价：JPY220,000
估　价：RMB14,300
日本美协，446，2013年9月7日

铂金翡翠戒指
直径为3.4毫米，重6.60克
估　价：JPY250,000
估　价：RMB16,250
日本美协，447，2013年9月7日

铂金翡翠戒指
直径为12.8毫米，重13.60克
估　价：JPY380,000
估　价：RMB24,700
日本美协，449，2013年9月7日

铂金翡翠戒指
直径为16.2毫米，重14.90克
估　价：JPY300,000
估　价：RMB19,500
日本美协，450，2013年9月7日

铂金翡翠戒指
直径为14.5毫米，重12.60克
估　价：JPY250,000
估　价：RMB16,250
日本美协，451，2013年9月7日

铂金翡翠戒指
直径为16毫米，重15.67克
估　价：JPY300,000
估　价：RMB19,500
日本美协，452，2013年9月7日

铂金翡翠戒指
直径为15.82毫米，重20.6克
估　价：JPY600,000
估　价：RMB39,000
日本美协，454，2013年9月7日

铂金翡翠戒指
直径为25毫米，重8.20克
估　价：JPY500,000
估　价：RMB32,500
日本美协，455，2013年9月7日

铂金翡翠戒指
直径为26.3毫米，重12.0克
估　价：JPY200,000
估　价：RMB13,000
日本美协，456，2013年9月7日

缅甸天然翡翠蛋面配钻石项链
估　价：HKD1,800,000-2,000,000
估　价：USD232,300-258,100
估　价：TWD6,923,000-7,692,000
成交价：HKD2,040,000
成交价：USD263,158
罗夫奥香港，781，2013年11月26日

铂金翡翠戒指

直径为25.75毫米，重11.5克
估　价：JPY400,000
估　价：RMB26,000
日本美协，457，2013年9月7日

铂金翡翠戒指

直径为11.1毫米，重19.3克
估　价：JPY1,500,000
估　价：RMB97,500
日本美协，458，2013年9月7日

铂金紫罗兰翡翠戒指

直径为55毫米，重8.64克
估　价：JPY120,000
估　价：RMB7,800
日本美协，　245-2，2013年9月7日

铂金紫罗兰翡翠戒指

直径为42毫米，重7.40克
估　价：JPY120,000
估　价：RMB7,800
日本美协，245-1，2013年9月7日

铂金紫罗兰翡翠戒指

直径为28毫米，重6.68克
估　价：JPY120,000
估　价：RMB7,800
日本美协，245-3，2013年9月7日

铂金紫罗兰翡翠戒指

直径为25.6毫米，重12.1克
估　价：JPY220,000
估　价：RMB14,300
日本美协，254，2013年9月7日

18K金紫罗兰翡翠戒指

重11.11克
估　价：JPY130,000
估　价：RMB8,450
日本美协，253，2013年9月7日

18K白金翡翠戒指

直径为20.3毫米，重12.90克
估　价：JPY200,000
估　价：RMB13,000
日本美协，453，2013年9月7日

18K金翡翠戒指

重7.4克
估　价：JPY50,000
估　价：RMB3,250
横滨国际，1024，2013年9月1日

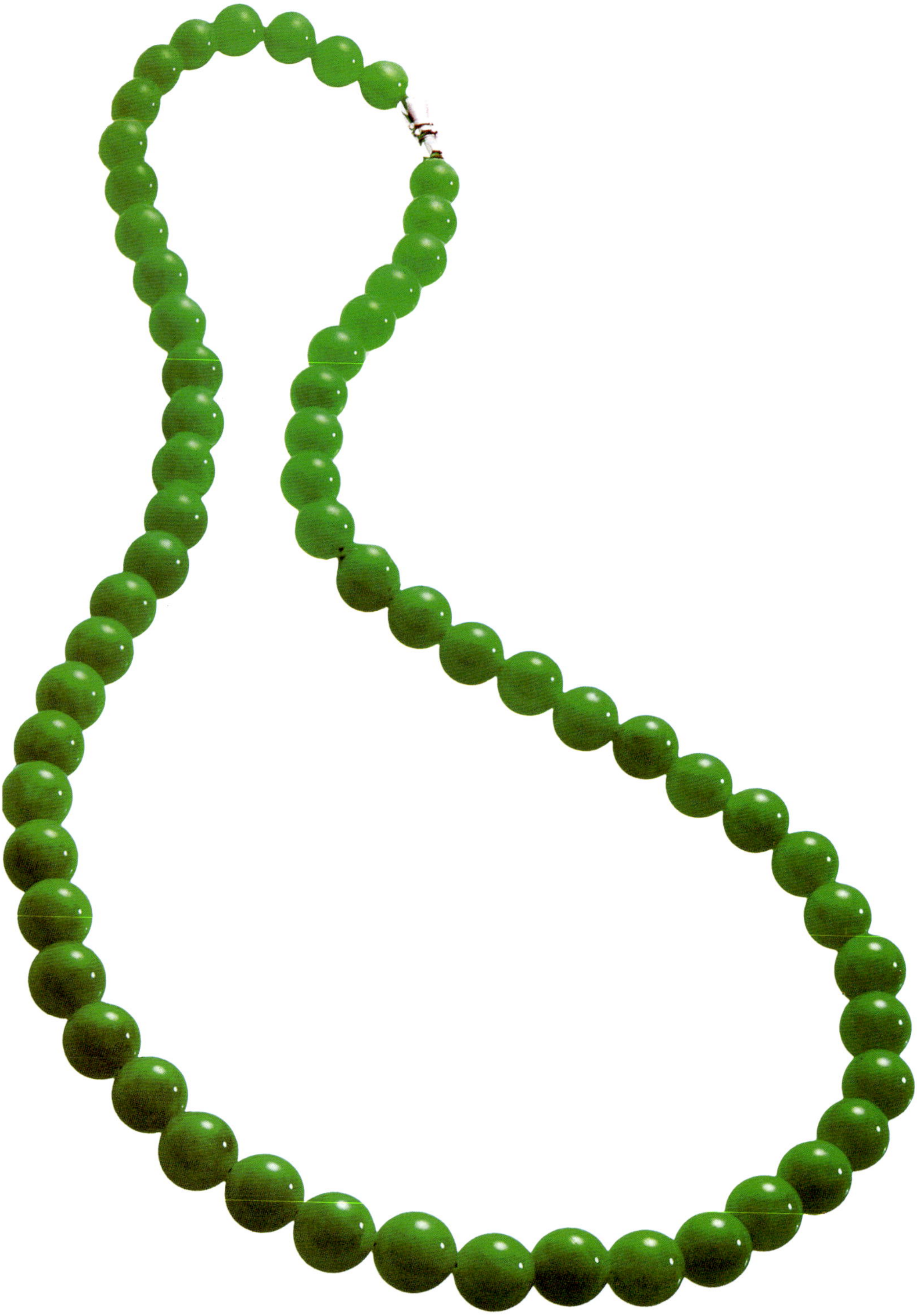

天然翡翠珠链

最小的珠子直径约为7.80，最大的珠子直径约为10.34毫米

此项链由61颗翡翠珠子相连而成，所有珠子均呈满绿色，翠色鲜艳，质地较为细腻，颗颗饱满。

估　价：RMB430,000–480,000

成交价：RMB494,500

广州华艺，1650，2013年12月18日

天然翡翠珊瑚珠配翡翠链

108颗珊瑚珠直径约为7.00毫米，珠链长约870毫米

估　价：HKD50,000-75,000

估　价：USD6,500-9,700

成交价：HKD94,400

成交价：USD12,178

香港天成，※316，2013年12月8日

铂金翡翠戒指18K白金翡翠吊坠

直径为分别为11毫米、10毫米；重量分别为6.1克、2.04克

估　价：JPY150,000

估　价：RMB9,750

横滨国际，1022，2013年9月1日

22K　K金翡翠马鞍戒

估　价：RMB30,000–40,000

上海新华，380，2013年12月26日

铂金红翡翠戒指

直径为7.66毫米，重9.10克

估　价：JPY50,000

估　价：RMB3,250

横滨国际，1126，2013年9月1日

铂金红翡翠戒指

直径为11.50毫米，重12.80克

估　价：JPY150,000

估　价：RMB9,750

日本美协，256，2013年9月7日

铂金翡翠戒指吊坠

重分别为4.70克、2.04克
估　价：JPY80,000
估　价：RMB5,200
横滨国际，1021，2013年9月1日

翡翠钻石戒指

翡翠长度约23毫米，厚16毫米；戒指圈直径为为17.5毫米
白18K金镶嵌翡翠戒指，设计华丽高贵，拱形素面满绿翡翠，翠色阳艳、浓郁、匀称、质地细腻，配镶水滴形及马眼形钻石。
估　价：RMB520,000–720,000
估　价：USD82,500–114,300
中国嘉德，2896，2013年5月12日

翡翠项坠

翡翠高27.5毫米，宽59.5毫米，厚6毫米
黄18K金镶嵌满绿翡翠项坠，翠色阳艳、浓郁，质地细腻，雕刻鹰和金钱，取其谐音，寓意“赢钱”，祝福财源滚滚。
估　价：RMB280,000–420,000
估　价：USD44,400–50,800
中国嘉德，2911，2013年5月12日

翡翠钻石项坠

翡翠高37毫米，宽51.5毫米，厚9.5毫米
白18K金镶嵌满绿翡翠项坠，翠色由艳绿色到淡绿色、质地细腻，雕刻猴子和马，寓意“马上封侯”，配镶梯方形钻石吊环。
估　价：RMB300,000–450,000
估　价：USD47,600–71,400
中国嘉德，2927，2013年5月12日

翡翠18K金镶钻项链

项链长度约420毫米，重35.36克
翡翠11粒，钻石5.258克拉，18K金，中国台湾制作。
估　价：RMB200,000–300,000
成交价：RMB224,000
北京荣宝，2054，2013年9月8日

翡翠“神算”挂件

总重42.85克

估　价：RMB35,000-55,000

北京远方，1164，2013年12月2日

翡翠骑龙观音牌子

长74毫米，总重76.765克

估　价：RMB40,000-60,000

北京远方，1163，2013年12月2日

翡翠豆荚

长85毫米，总重55.3克

估　价：RMB200,000-30,000

成交价：RMB230,000

北京远方，1237，2013年12月2日

翡翠冰种蛋形吊坠

总重9.354克

估　价：RMB40,000-60,000

成交价：RMB86,250

北京远方，1154，2013年11月29日

翡翠胸针

长75毫米，总重26.9克

估　价：RMB20,000–40,000

成交价：RMB25,300

北京远方，1138，2013年12月2日

翡翠“龙”挂件

总重97.97克

估　价：RMB30,000–50,000

北京远方，1150，2013年12月2日

翡翠把件

总重73.438克

估　价：RMB40,000–60,000

成交价：RMB46,000

北京远方，1151，2013年12月2日

钻石

钻石戒指

总重12.140克

估　价：RMB5,000–10,000

成交价：RMB6,900

北京远方，1124，2013年12月2日

钻石戒指

总重9.791克

估　价：RMB8,000–15,000

成交价：RMB20,700

北京远方，1127，2013年12月2日

卡地亚CARTIER黄金配镶钻石项链　约1975年制

胸针尺寸约为48.94毫米×42.17毫米

18K黄金带钻项链，做工精致，配钻火彩强烈，熠熠生辉，背刻卡地亚品牌标识。

估　价：RMB12,0000–18,0000

成交价：RMB138,000

北京保利，8752，2013年12月5日

钻石戒指

直径为7.4毫米，总重6.7克

估　价：RMB10,000–20,000

成交价：RMB16,100

北京远方，1131，2013年12月2日

钻石戒指

直径为5.03毫米，总重4.8克

估　价：RMB300,000–400,000

成交价：RMB345,000

北京远方，1227，2013年12月2日

黄钻戒指

10.15毫米×7.35毫米×5.40毫米，总重8.4克

估　价：RMB250,000–300,000

成交价：RMB345,000

北京远方，1162，2013年12月2日

钻石手链
估　价：HKD775,000–975,000
估　价：USD100,000–130,000
香港邦瀚斯，1198，2013年11月23日

钻石手链
钻石共重约28.50克拉
估　价：HKD80,000–110,000
估　价：USD10,000–14,000
香港苏富比，1460，2013年12月6日

钻石戒指
总重22.723克
估　价：RMB15,000–30,000
北京远方，1210，2013年12月2日

铂金钻石戒指
直径为2.675毫米，重7.47克
估　价：JPY600,000
估　价：RMB39,000
日本美协，306，2013年9月7日

铂金钻石戒指
直径为9毫米，重13.21克
估　价：JPY600,000
估　价：RMB39,000
日本美协，308，2013年9月7日

18K白金镶钻石项链

长420毫米
估　价：HKD350,000
大唐国际，52，2013年11月28日

铂金钻石戒指

直径为3毫米，重15.00克
估　价：JPY150,000
估　价：RMB9,750
日本美协，304，2013年9月7日

铂金钻石戒指

直径为10.08毫米，重6.30克
估　价：JPY180,000
估　价：RMB11,700
日本美协，430，2013年9月7日

铂金钻石戒指

直径为15.1毫米，重12克
估　价：JPY180,000
估　价：RMB11,700
日本美协，433，2013年9月7日

铂金钻石戒指

直径为20.06毫米，重8.36克
估　价：JPY450,000
估　价：RMB29,250
日本美协，434，2013年9月7日

铂金钻石戒指

直径为10.07毫米，重9.11克
估　价：JPY280,000
估　价：RMB18,200
日本美协，432，2013年9月7日

铂金钻石戒指

直径为40.21毫米，重9.20克
估　价：JPY1,200,000
估　价：RMB78,000
日本美协，443，2013年9月7日

18K白金钻石戒指

估　价：HKD96,000
成交价：HKD112,700
大唐国际，19，2013年11月28日

钻石胸针

重8.530克
估　价：RMB9,000—15,000
成交价：RMB10,350
北京远方，1128，2013年12月2日

18K白金钻石戒指

估　价：HKD96,000
大唐国际，20，2013年11月28日

18K金钻石戒指

直径为20.01毫米，重12克
估　价：JPY500,000
估　价：RMB32,500
日本美协，307，2013年9月7日

18K金钻石戒指

直径为12毫米，重2.9克
估　价：JPY150,000
估　价：RMB9,750
日本美协，431，2013年9月7日

天然黄钻配钻石项链

项链总重63.28克

白18K金镶嵌总重51.92克拉不同切割形状的彩黄色钻石及白色钻石，星罗棋布，绽放奢华闪耀的光芒。

估　价：RMB1,500,000-2,300,000

广州华艺，1694，2013年12月18日

彩钻及钻石项链
估　价：HKD1,400,000–1,800,000
估　价：USD180,000–230,000
香港邦瀚斯，1200，2013年11月23日

18K白金钻石戒指

估　价：HKD33,000
成交价：HKD37,950
大唐国际，26，2013年11月28日

钻石戒指

估　价：HKD2,300,000–3,000,000
估　价：USD300,000–390,000
香港邦瀚斯，1195，2013年11月23日

马眼形彩紫粉色钻石戒指

主石尺寸约为12.30毫米×6.35毫米，指环大小为12
18K白金镶嵌1.92克拉马眼切工粉色钻石，配以多颗钻石，立体多层美钻点缀，简约时尚。
估　价：RMB2,000,000–3,000,000
成交价：RMB2,242,500
北京保利，8838，2013年12月5日

白金钻石蓝宝戒指

估　价：RMB7,000–9,000
上海新华，376，2013年12月26日

18K金镶钻、蓝宝戒指

估　价：RMB6,000–8,000
上海新华，369，2013年12月26日

18K金镶钻、红宝戒指

估　价：RMB8,000–10,000
上海新华，368，2013年12月26日

钻石配尖晶石手链

钻石及尖晶石分别共重约13.55克拉及5.00克拉
估　价：HKD160,000–230,000
估　价：USD20,000–30,000
香港苏富比，□1434，2013年12月6日

镶钻玻璃种高色翡翠戒指

18K，18毫米×15毫米，总重16.25克
估　价：RMB250,000–350,000
成交价：RMB368,000
北京远方，1226，2013年12月2日

钻石手链

钻石共重约17.00克拉
估　价：HKD100,000–120,000
估　价：USD13,000–15,500
香港苏富比，1440，2013年12月6日

白金镶钻、祖母绿戒指

估　价：RMB30,000–35,000
上海新华，364，2013年12月26日

白金镶钻、蓝宝戒指

估　价：RMB25,000–30,000
上海新华，366，2013年12月26日

金镶钻、蓝宝戒指

估　价：RMB6,000–8,000
上海新华，370，2013年12月26日

白金镶钻、翡翠戒指

估　价：RMB7,000–10,000
上海新华，365，2013年12月26日

18K金镶钻、蓝宝戒指
估 价：RMB3,800—5,000
上海新华，371，2013年12月26日

K金钻石碧玺戒指
估 价：RMB5,000—7,000
上海新华，373，2013年12月26日

钻石胸针
估 价：HKD40,000—55,000
估 价：USD5,200—7,100
香港邦瀚斯，1013，2013年11月23日

K金钻石碧玺戒指
估 价：RMB5,000—7,000
上海新华，372，2013年12月26日

18K金镶钻、蓝宝戒指
估 价：RMB7,500—10,000
上海新华，375，2013年12月26日

18K金钻石红蓝宝祖母绿鞍形戒指
估 价：RMB5,500—7,000
上海新华，379，2013年12月26日

浓彩黄色钻石配钻石项链及耳环

项链长度约为405毫米

镶18K金及白金，项链51颗方形浓彩黄色钻石，共重65.60克拉，榄尖形钻石共重约14.74克拉，耳环八颗浓彩黄色钻石及钻石分别重约8.57克拉及2.34克拉。

估　价：HKD3,700,000–4,500,000

估　价：USD480,000–580,000

香港天成，513，2013年6月15日

约12.85克拉钻石手链

手链长约200毫米

18K白金镶嵌23颗明亮的钻石，璀璨夺目，熠熠生辉。

估 价：HKD68,000–100,000

估 价：USD8,700–12,800

保利香港，2618，2013年10月6日

18K金钻石红宝祖母绿兽形戒指

估 价：RMB7,500–10,000

上海新华，378，2013年12月26日

18K金钻石戒指

估 价：RMB2,000–3,000

上海新华，382，2013年12月26日

11.08克拉天然钻石戒指

11.08克拉圆形钻石，VVS1净度，可见八心八箭现象，绚丽夺目，款式经典，彰显永不褪色的潮流。

估 价：RMB3,000,000–3,800,000

广州华艺，1647，2013年12月18日

白金镶钻、翡翠戒指

估 价：RMB10,000–13,000

上海新华，374，2013年12月26日

白金钻石翡翠戒指

估 价：RMB10,000–13,000

上海新华，377，2013年12月26日

钻石、粉红蓝宝石及红宝石吊坠

吊坠直径为24毫米
18K黄金镶嵌共1.64克拉白钻，配镶0.99克拉天然粉色蓝宝石，及1.12克拉天然红宝石，富丽璀璨。
估　价：RMB30,000–50,000
成交价：RMB34,500
北京保利，6538，2013年6月5日

钻石、天然粉红蓝宝石心形吊坠

吊坠尺寸约为35.90毫米×30.56毫米
18K金镶嵌总重2.07克拉钻石，7.85克拉粉红蓝宝石吊坠，经典时尚。
估　价：RMB35,000–55,000
成交价：RMB43,700
北京保利，8666，2013年12月5日

钻石吊坠

直径为4毫米，重5.5克
估　价：RMB100,000–180,000
成交价：RMB115,000
北京远方，1238，2013年12月2日

钻石胸针（鸟形）

重9.613克
估　价：RMB12,000–25,000
成交价：RMB13,800
北京远方，1135，2013年12月2日

钻石项链

项链长约360毫米
铂金镶嵌钻石项链，水滴造型的钻石错落有致的镶嵌，仿佛闪耀在颈间的点点繁星，璀璨无比。
估　价：HKD180,000–260,000
估　价：USD23,100–33,300
成交价：HKD207,000
成交价：USD26,692
保利香港，2617，2013年10月6日

钻石项链

项链长约480毫米

18K白金，黄金镶嵌总重约54.74克拉淡彩黄色、彩黄色钻石及11.14克拉白色钻石，璀璨生辉的美钻争明斗艳，星罗棋布，绽放奢华闪耀的光芒。

估　价：HKD450,000-600,000

估　价：USD57,700-76,900

保利香港，2625，2013年10月6日

天然彩棕橘粉色钻石项链

钻石尺寸约为24.54～16.58毫米×7.88毫米

18K白金镶嵌20.01克拉天然彩棕橘粉色钻石，设计精巧，花式流动线条精美绝伦，多颗钻石相衬，彰显华丽贵气，时尚感十足。

估 价：RMB2,350,000–3,250,000

北京保利，8840，2013年12月5日

裸钻
直径为10毫米
估　价：JPY100,000
估　价：RMB6,500
横滨国际，1104，2013年9月1日

裸钻
直径为20.01毫米
估　价：JPY800,000
估　价：RMB52,000
日本美协，437，2013年9月7日

钻石项链
项链长度约为169毫米
镶铂金。
估　价：HKD250,000–300,000
估　价：USD33,000–39,000
香港天成，553，2013年6月15日

裸钻
直径为23.36毫米
估　价：JPY1,000,000
估　价：RMB65,000
日本美协，439，2013年9月7日

裸钻
直径为10.08毫米
估　价：JPY100,000
估　价：RMB6,500
日本美协，435，2013年9月7日

裸钻
直径为2.013毫米
估　价：JPY380,000
估　价：RMB24,700
日本美协，438，2013年9月7日

钻石手链
估 价：HKD660,000–860,000
估 价：USD85,000–110,000
香港邦瀚斯，1199，2013年11月23日

裸钻
估 价：JPY180,000
估 价：RMB11,700
横滨国际，1105，2013年9月1日

裸钻
估 价：JPY200,000
估 价：RMB13,000
横滨国际，1106，2013年9月1日

裸钻
估 价：JPY5,000,000
估 价：RMB325,000
日本美协，311，2013年9月7日

裸钻
估 价：JPY600,000
估 价：RMB39,000
日本美协，436，2013年9月7日

裸钻
估 价：JPY500,000
估 价：RMB32,500
横滨国际，1107，2013年9月1日

裸钻

估　价：JPY5,000,000
估　价：RMB32,500
日本美协，444，2013年9月7日

裸钻

估　价：JPY12,000,000
估　价：RMB780,000
日本美协，445，2013年9月7日

钻石项链

项链长约420毫米
18K白金镶嵌总重约74.54克拉不同切割形状的钻石，每一颗美钻的位置经过精心铺排，镶嵌角度不尽相同，摄人的光芒犹如银河再现，将夜空的纷繁景象演绎得淋漓尽致。
估　价：HKD1,180,000–1,680,000
估　价：USD151,300–215,400
保利香港，2752，2013年10月6日

彩色钻石配钻石蝴蝶胸针

镶18K黄金及黑金。
估　价：HKD75,000–95,000
估　价：USD9,700–13,000
香港天成，154，2013年6月15日

彩色钻石配钻石蝴蝶耳环

镶18K黄金及黑金。
估　价：HKD60,000–80,000
估　价：USD7,700–11,000
香港天成，64，2013年6月15日

钻石项链

估　价：HKD700,000–900,000
估　价：USD90,000–120,000
香港邦瀚斯，1166，2013年11月23日

天然淡彩黄色钻石配钻石项链

项链长度约为408毫米

镶18K白金及黄金，黄色钻石共重约10.30克拉，钻石共重约9.70克拉。

估　价：HKD550,000–650,000

估　价：USD71,000–84,000

香港天成，33，2013年6月15日

钻石手链

估　价：HKD280,000–430,000

估　价：USD36,000–55,000

香港邦瀚斯，1115，2013年11月23日

钻石手链

估　价：HKD63,000–95,000

估　价：USD8,100–12,000

香港邦瀚斯，1020，2013年11月23日

钻石手链

估　价：HKD1,250,000–1,600,000

估　价：USD160,000–210,000

香港邦瀚斯，1205，2013年11月23日

18K金钻石珍珠大象项链

估　价：RMB5,000–7,000

上海新华，384，2013年12月26日

钻石及蓝宝石耳环（一对）

耳坠长约32毫米

18K黄金镶嵌QUEEN'S HEART白钻，配以蓝宝石，工艺精制，心形白钻可活动，曼妙可爱。

估　价：RMB42,000–55,000

成交价：RMB48,300

北京保利，6539，2013年6月5日

缤纷彩钻项链

18K玫瑰金、白金和黄金镶嵌。56颗色彩各异、总重达20.92克拉的彩钻项链，配以1072颗圆形、VS净度、总重为5.45克拉的白钻。

估　价：RMB900,000-1,500,000

成交价：RMB1,092,500

北京银座国际，1521，2013年12月2日

养殖珍珠配钻石项链及耳环套装

估　价：HKD50,000–80,000

估　价：USD6,500–10,000

香港苏富比，□1448，2013年12月6日

天然黄钻配白钻花胸针/吊坠

胸针总重19.53克

白18K金密镶天然黄钻和白钻，中间镶有8颗较大的钻石，共重1.34克拉，其他钻石共重10.32克拉。富有立体感的设计，犹如花朵绚丽绽放，温婉雍容，可作胸针或者吊坠佩戴。

估　价：RMB120,000–150,000

广州华艺，1753，2013年12月18日

珍珠

南洋白色珍珠戒指

直径为14.96毫米，重14.650克
估 价：RMB12,000–20,000
成交价：RMB17,250
北京远方，1134，2013年11月29日

铂金珍珠戒指

直径为12.1毫米，重11.58克
估 价：JPY50,000
估 价：RMB3,250
横滨国际，1039，2013年9月1日

铂金珍珠戒指

直径为15.5毫米，重21克
估 价：JPY100,000
估 价：RMB6,500
横滨国际，1041，2013年9月1日

灰色珍珠项链

一串总共有27粒，珍珠尺寸为15～16.9毫米
南洋灰色珍珠项链，颗粒饱满，色泽明亮、高贵优雅。
估 价：RMB100,000–135,000
成交价：RMB115,000
北京银座国际，1613，2013年12月2日

大溪地黑珍珠吊坠

直径为19.68毫米，重25.6克
估 价：RMB40,000–60,000
成交价：RMB46,000
北京远方，1239，2013年12月2日

18K白金珍珠胸针

重16.81克
估 价：JPY30,000
估 价：RMB1,950
日本美协，226，2013年9月7日

白色珍珠项链

一串总共有29粒，珍珠尺寸为14～18.2毫米

南洋白色珍珠项链。国家珠宝玉石质量监督检验中心NGTC编号PLC11626报告，鉴定其为天然海水珍珠，2013年10月31日。

估　价：RMB250,000-300,000

成交价：RMB287,500

北京银座国际，1614，2013年12月2日

铂金珍珠戒指

直径为11毫米，重14.10克

估　价：JPY50,000

估　价：RMB3,250

横滨国际，1037，2013年9月1日

铂金珍珠戒指

直径为15毫米，重16.9克

估　价：JPY50,000

估　价：RMB3,250

横滨国际，1040，2013年9月1日

铂金珍珠戒指

直径为11毫米，重9.9克

估　价：JPY50,000

估　价：RMB3,250

横滨国际，1048，2013年9月1日

铂金珍珠戒指

直径为10.5毫米，重15.3克

估　价：JPY60,000

估　价：RMB3,900

横滨国际，1049，2013年9月1日

铂金珍珠戒指

直径为11毫米，重14.72克

估　价：JPY50,000

估　价：RMB3,250

横滨国际，1047，2013年9月1日

养殖珍珠配钻石项链

估　价：HKD160,000–200,000

估　价：USD20,000–25,000

香港苏富比，□1314，2013年12月6日

养殖珍珠项链（两条）

估　价：HKD80,000-120,000

估　价：USD10,000-15,500

香港苏富比，□1322，2013年12月6日

白色南洋珍珠项链

最大颗珠粒直径约为18.51毫米，珠链长度约为470毫米
此项链由27颗白色南洋珍珠串联而成，珠粒饱满硕大，晕彩熠熠，配以黄金镶钻链扣，雍容华贵。
估 价：RMB75,000-95,000
成交价：RMB92,000
北京保利，6582，2013年6月5日

彩色珍珠项链

最大颗珠粒直径约为12.64毫米，珠链长度约为480毫米
此项链由36颗大溪地和南洋海水珍珠串联而成，圆润饱满，珠面光滑无瑕，颜色鲜艳，焕彩曼妙。
估 价：RMB100,000-150,000
北京保利，6583，2013年6月5日

18K金珍珠戒指

直径为11.8毫米，重4.83克
估 价：JPY30,000
估 价：RMB1,950
横滨国际，1034，2013年9月1日

18K金珍珠戒指

直径为11.7毫米，重5.53克
估 价：JPY30,000
估 价：RMB1,950
横滨国际，1035，2013年9月1日

18K金珍珠戒指

直径为12.1毫米，重10.38克
估 价：JPY50,000
估 价：RMB3,250
横滨国际，1046，2013年9月1日

18K白金珍珠戒指

直径为9.2毫米，重11.3克

估　价：JPY60,000

估　价：RMB3,900

横滨国际，1038，2013年9月1日

18K白金珍珠戒指

直径为7.2毫米，重9.1克

估　价：JPY30,000

估　价：RMB1,950

横滨国际，1044，2013年9月1日

南洋白色珍珠吊坠

直径为10.07毫米，重14.4克

估　价：RMB20,000–30,000

北京远方，1179，2013年12月2日

南洋珍珠项链

镶18K金，38颗南洋珍珠尺寸约为10.1～11.4毫米，项链长度约为395毫米

估　价：HKD30,000–45,000

估　价：USD3,900–5,900

香港天成，336，2013年12月8日

天然珍珠钻石项链

镶18K白金，727颗天然珍珠尺寸约为3.3～10.55毫米，项链长度约为485毫米

估　价：HKD220,000–300,000

估　价：USD28,500–39,000

香港天成，432，2013年12月8日

南洋珍珠钻石项链

镶18K白金，10颗南洋珍珠尺寸约为12.85毫米×10.45毫米，项链长度约为487毫米

估　价：HKD30,000–50,000

估　价：USD3,900–6,500

香港天成，326，2013年12月8日

南洋养殖金色珍珠项链

估　价：HKD100,000–160,000
估　价：USD12,900–20,600
估　价：TWD385,000–615,000
罗夫奥香港，721，2013年11月26日

南洋养殖白色珍珠项链

估　价：HKD280,000–360,000
估　价：USD36,100–46,500
估　价：TWD1,077,000–1,385,000
成交价：HKD288,000
成交价：USD37,152
罗夫奥香港，724，2013年11月26日

金色南洋珍珠配镶钻石花朵形胸针

胸针长度约为80毫米
18K黄金镶嵌金色南洋珍珠，制以花朵造型，曼妙可爱，配镶钻石，璀璨夺目。
估　价：RMB8,000–12,000
成交价：RMB9,200
北京保利，6514，2013年6月5日

粉色珍珠配镶钻石花朵形胸针

胸针长度约为95毫米
18K白金镶嵌粉色珍珠，晕彩美轮美奂，配镶钻石，制以花朵形，灵动美丽，雅致脱俗。
估　价：RMB25,000–35,000
北京保利，6544，2013年6月5日

白色珍珠配蓝宝石及钻石戒指

珍珠直径约为15毫米

白18K金镶嵌蓝宝石、钻石的花瓣，中央配以圆形白珍珠的花芯，巧妙时尚，尽显高贵优雅的摄人之美。

估　价：RMB32,000-38,000

广州华艺，1696，2013年12月18日

白色珍珠配红宝石及钻石戒指

白18K金镶嵌直径为15毫米的天然圆形白色珍珠，四周配以红宝石、钻石作点缀，犹如热情盛开的花朵，彰显异常夺目的华贵之感。

估　价：RMB32,000-38,000

广州华艺，1695，2013年12月18日

白金镶珍珠及钻石戒指

主石为14毫米南洋金色珍珠，旁边配90粒总重4.08克拉的钻石戒指。

估　价：RMB50,000-65,000

成交价：RMB69,000

北京银座国际，1600，2013年12月2日

黑色珍珠项链

珍珠平均直径约为11.06毫米，重104.8克

项链由39颗大溪地黑珍珠串连而成，珠粒饱满丰润，珠面幻彩缤纷，绝佳地演绎出珍珠的华美之感。

估　价：RMB50,000-60,000

广州华艺，1742，2013年12月18日

南洋养殖金色珍珠项链

估　价：HKD190,000–240,000
估　价：USD24,500–31,000
估　价：TWD731,000–923,000
罗夫奥香港，727，2013年11月26日

养殖珍珠配钻石项链

估　价：HKD80,000–100,000
估　价：USD10,000–13,000
香港苏富比，□1312A，2013年12月6日

白金镶白色珍珠戒指

18K白金镶17.8毫米白色南洋珍珠戒指，配1.20克拉白碎钻，国家珠宝玉石质量监督检验中心NGTC编号PLC11633报告，鉴定其为天然海水珍珠，2013年10月31日。
估　价：RMB100,000–125,000
成交价：RMB138,000
北京银座国际，1596，2013年12月2日

南洋珍珠及各色宝石[鹦鹉]胸针

镶18K玫瑰金，沙弗莱石榴石共重约1.10克拉，蓝色及粉红色刚玉共重约1.40克拉。
估　价：HKD40,000–55,000
估　价：USD5,200–7,100
成交价：HKD47,200
成交价：USD6,089
香港天成，559，2013年12月8日

金色南洋珍珠配天然红宝石珠项链

珍珠直径约为10.5～13.5毫米，项链长约620毫米

项链由37颗金色南洋珍珠串连而成，圆润厚重，宛如凝脂。

估　价：HKD75,000–100,000

估　价：USD9,600–12,800

成交价：HKD86,250

成交价：USD11,122

保利香港，2575，2013年10月6日

白色珍珠项链

珍珠直径约为12.43~16.16毫米

项链由29颗南洋珍珠串连而成，配以白18K金链扣，简约典雅的设计，明洁夺目，圆滑丰润。

估　价：RMB80,000–95,000

成交价：RMB94,300

广州华艺，1691，2013年12月18日

白金镶白色珍珠耳环

一对18K白金镶珍珠耳饰，各配16.4毫米的白色南洋珍珠，配1.75克拉的白碎钻

国家珠宝玉石质量监督检验中心NGTC编号PLC11634报告，鉴定其为天然海水珍珠，2013年10月31日。

估　价：RMB70,000–90,000

成交价：RMB97,750

北京银座国际，1595，2013年12月2日

18K金大溪地黑珍珠耳钉

大溪地的黑蝶贝培育了绝美的黑珍珠，稀少，独特的光泽令黑珍珠成为无瑕神秘、优雅的代言人。此对黑珍珠为级别，光泽夺目。款式设计另辟蹊径，佩戴效果极佳。

估　价：RMB8,000–15,000

成交价：RMB17,250

北京传是国际，831，2013年12月11日

大溪地黑珍珠耳环及项链套装

最大颗珠粒直径约为14.92毫米，珠链长度约为480毫米

此项链由33颗大溪地黑色珍珠串联而成，珠粒颗颗饱满，晕彩熠熠，耳环珍珠小巧精致，曼妙可爱。

估　价：RMB50,000–70,000

北京保利，6557，2013年6月5日

白色南洋珍珠项链及耳环套装

项链珍珠直径约为16.01～19.37毫米，耳环珍珠直径为18.04毫米，项链长约460毫米

此珠串由25颗白色南洋珍珠串联而成，配以18K黄金镶钻链扣及耳环（一对），通体浑圆，珠面几近无瑕，雍容华贵。

估　价：RMB1,500,000 1,800,000

北京保利，6589，2013年6月5日

18K金南洋珍珠耳钉挂坠套装

南洋金色珍珠挂坠和耳钉，珠体饱满，圆度好，珠皮厚重，珠光耀眼。

估　价：RMB15,000–25,000

成交价：RMB25,300

北京传是国际，830，2013年12月11日

珍珠镶嵌天然祖母绿宝石耳环

耳环主石尺寸约为9.54毫米×7.46毫米

估　价：RMB12,0000–18,0000

北京保利，8754，2013年12月5日

大溪地黑珍珠项链

最大颗珠粒直径约为14.63毫米，珠链长度约为460毫米

此项链由31颗大溪地黑珍珠串联而成，珠粒均匀饱满，表面几近无瑕，配以黑金镶嵌红宝石链扣，高贵典雅。

估　价：RMB115,000–155,000

成交价：RMB126,500

北京保利，6584，2013年6月5日

彩色珍珠项链

最大颗珠粒直径约为16.69毫米，项链长度约为570毫米

此项链由36颗彩色珍珠串联而成，珠粒饱满均匀，颜色丰富，美丽非凡。

估　价：RMB220,000–280,000

北京保利，6587，2013年6月5日

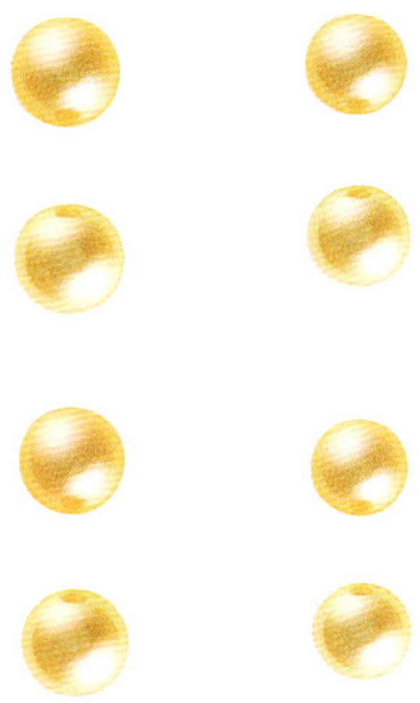

18K金珍珠耳钉

直径为分别为12.0毫米、12.1毫米、12.2毫米、12.3毫米；重量分别为5.37克、5.37克、5.37克、5.37克
估 价：JPY30,000
成交价：RMB1,950
横滨国际，1030，2013年9月1日

金色珍珠及钻石项链

珍珠尺寸为12.3毫米
金黄色珍珠项链，配18K白金镶钻石链扣。
估 价：RMB80,000-90,000
北京银座国际，1601，2013年12月2日

彩色南洋珍珠项链

31颗南洋珍珠尺寸约13~13.7毫米，项链长度约为427毫米
估 价：HKD100,000-150,000
估 价：USD13,000-20,000
香港天成，202，2013年6月15日

珍珠项链

长460毫米，直径为11.6~14.8毫米，重106.6克
估 价：JPY30,000
估 价：RMB1,950
横滨国际，1051，2013年9月1日

白色南洋珍珠项链

珍珠直径约为14.1～17.1毫米，项链长约440毫米

项链由29颗南洋珍珠串连而成，配以18K白金镶嵌钻石的链扣，简约典雅的设计，宛如夜月落凡间，光辉洁夺目，圆滑丰润。

估　价：HKD160,000-240,000

估　价：USD20,500-30,800

成交价：HKD276,000

成交价：USD35,590

保利香港，2703，2013年10月6日

金色南洋珍珠项链

珍珠直径约为12.9～15.8毫米，项链长约470毫米

项链由31颗金色南洋珍珠串连而成，温润却又不失华贵雍容。

估　价：HKD135,000–185,000

估　价：USD17,300–23,700

成交价：HKD149,500

成交价：USD19,278

保利香港，2702，2013年10月6日

南洋珍珠配无色刚玉项链

22颗南洋珍珠尺寸约为13～15毫米
镶18K白金，项链长度约为497毫米
估　价：HKD75,000–125,000
估　价：USD9,700–17,000
香港天成，27，2013年6月15日

祖母绿

天然祖母绿配钻石戒指

主石尺寸约为10.50毫米×11.38毫米
14K黄金，镶嵌天然祖母绿，配以钻石，典雅奢华。
估 价：RMB40,000–60,000
北京保利，6574，2013年6月5日

天然祖母绿配镶钻石戒指

主石尺寸约为9.75毫米×9.43毫米
950铂金，镶嵌4.09克拉天然祖母绿，盈盈绿色，鲜亮夺目，配以钻石，设计简约时尚。
估 价：RMB58,000–88,000
北京保利，6731，2013年6月5日

天然祖母绿配钻石手镯

手镯内径约为56毫米
白金镶嵌长方形祖母绿，密镶钻石，对称相间的颜色搭配，演绎着繁复而精致的奢华气质。
估 价：HKD32,000–52,000
估 价：USD4,100–6,700
成交价：HKD36,800
成交价：USD4,745
保利香港，2565，2013年10月6日

天然祖母绿配镶钻石戒指

主石尺寸约为11.39毫米×8.82毫米
18K玫瑰金，镶嵌祖母绿，清澈通透，绿色纯正，配镶钻石，熠熠夺目。
估 价：RMB60,000–80,000
北京保利，6736，2013年6月5日

天然祖母绿配钻石戒指

主石尺寸约为7.20毫米×9.74毫米
18K白金，镶嵌2.05克拉天然祖母绿，配以1.45克拉的钻石及蓝宝石，镶工精巧，豪华瑰丽。
估 价：RMB55,000–75,000
北京保利，6729，2013年6月5日

天然祖母绿戒指

主石尺寸约为10.94毫米×14.10毫米
18K黑金，镶嵌9.68克拉天然祖母绿，配以钻石，富丽华贵。
估 价：RMB98,000–128,000
北京保利，6743，2013年6月5日

祖母绿配钻石戒指

祖母绿尺寸为13.76毫米×16.02毫米×8.2毫米

18K金，镶嵌1颗9.51克拉天然哥伦比亚祖母绿，甜美优雅的心形切割，充满了女性的柔美与灵性，周围配镶22颗共重0.95克拉的圆形钻石，以及44颗共重1.80克拉的梯形钻石。

估　价：RMB200,000–240,000

成交价：RMB322,000

广州华艺，1633，2013年12月18日

祖母绿配镶钻石戒指

18K白金，镶嵌2.36克拉祖母绿戒指，绿色明媚动人，宛若一抹春水荡漾怀中，配以钻石，时尚瑰丽。

估　价：RMB20,000–40,000

成交价：RMB20,700

北京保利，8761，2013年12月5日

天然祖母绿配镶钻石戒指

主石尺寸约为10.93毫米×10.65毫米

950铂金，镶嵌5.28克拉古垫形哥伦比亚天然祖母绿，配以1.03克拉钻石，绿色幽然，令人一见倾心。

估　价：RMB320,000–400,000

北京保利，6856，2013年6月5日

天然祖母绿猫眼戒指

主石尺寸约为13.20毫米×11.42毫米×7.86毫米

18K金，镶嵌8.26克拉天然祖母绿猫眼，色泽明快，通透饱满，眼线清晰灵活，密镶小钻，简约大气。

估　价：RMB200,000–300,000

北京保利，6851，2013年6月5日

天然祖母绿配镶钻石戒指

主石尺寸约为29.07毫米×22.85毫米

900铂金，镶嵌10.45克拉长方形天然祖母绿，配4.68克拉钻石，颜色艳丽，造型典雅。

估　价：RMB150,000–250,000

成交价：RMB218,500

北京保利，8780，2013年12月5日

天然祖母绿配镶钻石戒指

主石尺寸约为12.65毫米×10.60毫米×6.02毫米

18K黄金，镶嵌4.83克拉椭圆明亮形切割天然祖母绿，奢华大气，富贵华丽。

估　价：RMB150,000–200,000

北京保利，8779，2013年12月5日

祖母绿钻石项链

镶铂金及18K白金，钻石共重约23.00克拉，项链长度约为400毫米

估　价：HKD1,000,000–1,300,000

估　价：USD130,000–170,000

香港天成，546，2013年12月8日

祖母绿配镶钻石戒指

主石尺寸约为12.56毫米×10.31毫米
18K白金，镶嵌6.24克拉祖母绿带钻戒指，祖母绿颜色明艳，造型典雅。
估　价：RMB350,000–550,000
成交价：RMB368,000
北京保利，8792，2013年12月5日

天然祖母绿配镶钻石戒指

主石尺寸约为9.38毫米×9.36毫米
18K白金，镶嵌2.73克拉祖母绿戒指，翠色媚人，明净悠远，配以总重3.35克拉的双层白钻，流光溢彩，优雅悦人。
估　价：RMB500,000–800,000
成交价：RMB575,000
北京保利，8793，2013年12月5日

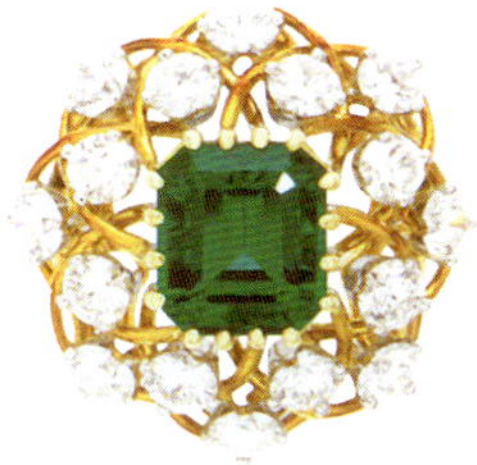

天然祖母绿配钻石戒指

18K黄金及铂金，镶嵌约3.72克拉的八角形天然祖母绿，镂空镶嵌约2.5克拉美钻在旁，突显主石的青翠通透，光彩四溢。
估　价：HKD360,000–460,000
估　价：USD46,200–59,000
保利香港，2560，2013年10月6日

祖母绿戒指

重39.3克
估　价：RMB20,000–35,000
北京远方，1211，2013年12月2日

祖母绿戒指

14.71毫米×10.10毫米，重15.2克
估　价：RMB30,000–50,000
北京远方，1219，2013年12月2日

祖母绿戒指

重25.3克
估　价：RMB70,000–100,000
成交价：RMB86,250
北京远方，1225，2013年12月2日

祖母绿钻石耳环

镶18K黄金及白金。
估　价：HKD2,350,000–3,450,000
估　价：USD310,000 450,000
香港天成，72，2013年6月15日

祖母绿钻石耳环

镶18K白金，钻石共重约5.73克拉。
估　价：HKD11,500,000–15,000,000
估　价：USD1,480,000–1,950,000
香港天成，110，2013年6月15日

祖母绿钻石耳环

镶铂金及18K白金。
估　价：HKD4,000,000–5,000,000
估　价：USD520,000–650,000
香港天成，500，2013年12月8日

18K金祖母绿戒指

重7.25克
估　价：JPY30,000
估　价：RMB1,950
横滨国际，1149，2013年9月1日

铂金祖母绿戒指

重14.79克
估　价：JPY80,000
估　价：RMB5,200
横滨国际，1151，2013年9月1日

天然祖母绿配镶钻石项链

项链长度约为420毫米，主石尺寸约为15.54毫米×9.69毫米
18K白金，镶5.9克拉天然祖母绿，总重10.79克拉钻石项链，祖母绿色绿动人，钻石闪烁光芒，浪漫时尚奢华。
估　价：RMB250,000–350,000
北京保利，8575，2013年12月5日

铂金祖母绿戒指

重9.66克
估　价：JPY50,000
估　价：RMB3,250
横滨国际，1154，2013年9月1日

铂金祖母绿戒指

重10.50克
估　价：JPY60,000
估　价：RMB3,900
横滨国际，1150，2013年9月1日

铂金祖母绿戒指

重8.60克
估　价：JPY30,000
估　价：RMB1,950
横滨国际，1152，2013年9月1日

祖母绿及钻石项链　约1920年

估　价：HKD310,000–360,000
估　价：USD40,000–46,000
香港邦瀚斯，1118，2013年11月23日

祖母绿项链

重20.4克
估　价：RMB10,000–20,000
成交价：RMB23,000
北京远方，1129，2013年12月2日

心形祖母绿配镶钻石吊坠

主石尺寸约为8.59毫米×8.09毫米
18K白金，镶嵌1.70克拉新型祖母绿配钻吊坠，祖母绿颜色纯正阳俏，镶嵌钻石熠熠生辉，整体雅致时尚。
估　价：RMB30,000–50,000
北京保利，8770，2013年12月5日

祖母绿配钻石及珍珠耳坠

估　价：HKD320,000–420,000
估　价：USD41,300–54,200
估　价：TWD1,231,000–1,615,000
成交价：HKD456,000
成交价：USD58,824
罗夫奥香港，711，2013年11月26日

天然祖母绿吊坠

主石尺寸约为13.08毫米×10.00毫米×5.37毫米，16.20毫米×12.08毫米×6.62毫米，吊坠长度约为42.68毫米
18K白金，镶嵌5.15克拉及10.41克拉天然祖母绿，绿色清新夺目，光泽水润，配镶钻石，熠熠生辉。
估　价：RMB48,000–68,000
成交价：RMB55,200
北京保利，6572，2013年6月5日

祖母绿项链

重53.5克

估 价：RMB40,000–70,000

成交价：RMB97,750

北京远方，1165，2013年12月2日

天然祖母绿蛋面配钻石项链、戒指及耳环套装

项链中的祖母绿共重32.12克拉，配镶钻石共重17.80克拉；配套戒指中的祖母绿共重3.30克拉，钻石共重1.02克拉，耳钉中的祖母绿共重5.93克拉，钻石共重1.32克拉。

18K白金，镶嵌天然祖母绿蛋面，祖母绿晶莹剔透，配镶璀璨夺目的钻石，色彩对比鲜明，清新靓丽又不失华丽高贵。

估　价：RMB380,000–500,000

广州华艺，1639，2013年12月18日

祖母绿戒指

重10.2克
估　价：RMB15,000–25,000
成交价：RMB34.500
北京远方，1247，2013年12月2日

铂金祖母绿戒指

重16.75克
估　价：JPY190,000
估　价：RMB12,350
日本美协，419，2013年9月7日

铂金祖母绿戒指

重9.3克
估　价：JPY180,000
估　价：RMB11,700
日本美协，418，2013年9月7日

祖母绿钻石吊坠项链

重7.5克
祖母绿1.61克拉，钻石0.65克拉，PT900铂金。欧洲制作。项链为滑动式锁扣，可自由调节长度至450毫米。祖母绿是世间四大宝石之一，被誉为“绿色宝石之王”。本款祖母绿浓郁透明，款式古典，充满怀旧情调。
估　价：RMB35,000–55,000
北京荣宝，□1306，2013年12月15日

祖母绿钻石吊坠项链

项链长度约为400毫米，重41克
哥伦比亚祖母绿7.2克拉，钻石13克拉，14K黄金。
估　价：RMB150,000–250,000
北京荣宝，□1345，2013年12月15日

祖母绿钻石吊坠项链

项链长度约为430毫米，重33.23克

哥伦比亚祖母绿12.75克拉，钻石13克拉，F色，VVS净度，18K白金，PT950铂金。

估　价：RMB480,000–680,000

北京荣宝，□1354，2013年12月15日

铂金祖母绿戒指

重12.1克

估　价：JPY450,000

估　价：RMB29,250

日本美协，420，2013年9月7日

祖母绿钻戒

重18.2285克

估　价：RMB15,000–30,000

北京远方，1209，2013年12月2日

祖母绿钻石戒指

估　价：HKD290,000–360,000

估　价：USD38,000–47,000

香港天成，543，2013年12月8日

祖母绿配钻石戒指

估　价：HKD2,400,000–3,000,000

估　价：USD310,000–390,000

香港天成，128，2013年6月15日

祖母绿钻石戒指

估　价：HKD3,500,000–4,500,000

估　价：USD460,000–580,000

香港天成，109，2013年6月15日

天然祖母绿配钻石耳环

耳环尺寸约为43.63毫米×35.03毫米
18K白金镶嵌4.7克拉及5.1克拉天然赞比亚祖母绿，祖母绿上方各以1颗方形切割的彩黄钻点缀，黄钻共重0.96克拉，耳环配镶106颗钻石共重约3.57克拉，造型古雅高贵。
估　价：RMB200,000–240,000
广州华艺，1638，2013年12月18日

天然祖母绿配镶钻石耳环（一对）

主石尺寸分别约为11.25毫米×8.65毫米×6.7毫米，11.75毫米×8.86毫米×6.9毫米
18K白金镶嵌共10克拉高品质祖母绿耳环，艳绿淳美，配以总重2.5克拉的高白度钻石，华美秀丽。
估　价：RMB6,0000–12,0000
成交价：RMB66,700
北京保利，8566，2013年12月5日

祖母绿配钻石耳环

镶铂金。
估　价：HKD4,600,000–5,400,000
估　价：USD595,000–700,000
成交价：HKD5,428,000
成交价：USD700,206
香港天成，557，2013年12月8日

白金镶祖母绿钻石耳夹

18K白金镶祖母绿耳夹，主石分别重为11.15克拉和10.95克拉祖母绿，以钻石群镶成钻石花边，拥抱希望，将璀璨与耀眼融化于无尽的勃勃生机里。
估　价：RMB350,000–450,000
成交价：RMB402,500
北京银座国际，1604，2013年12月2日

天然哥伦比亚祖母绿配钻石（花型）胸针

Chaumet品牌，18K黄金、白金，镶嵌祖母绿钻石胸针，唯美的花型设计，犹如在春暖花开的季节里，璀璨绽放的太阳之花，默默地散发出无尽的热情与活力。
估　价：HKD160,000–220,000
估　价：USD20,500–28,200
保利香港，2722，2013年10月6日

黄金镶嵌祖母绿、蓝宝石挂链式怀表

项链长度约为680毫米
14K黄金，镶嵌祖母绿、蓝宝石挂表，工艺精湛，孔雀造型栩栩如生。
估　价：RMB18,000–28,000
北京保利，8731，2013年12月5日

祖母绿钻石戒指

估　价：HKD5,600,000–6,600,000
估　价：USD730,000–860,000
成交价：HKD6,372,000
成交价：USD821,981
香港天成，582，2013年12月8日

祖母绿钻石戒指

重8.9克
哥伦比亚祖母绿2.5克拉，深绿色，VVS净度，钻石0.8克拉，F色，VS净度，18K白金。
估　价：RMB75,000–125,000
成交价：RMB84,000
北京荣宝，□1344，2013年12月15日

祖母绿配钻石吊坠

估　价：HKD1,500,000–3,600,000
估　价：USD193,500–464,500
估　价：TWD5,769,000–13,846,000
罗夫奥香港，795，2013年11月26日

祖母绿钻石手链

手链长度约为180毫米，重17.35克
祖母绿10.02克拉，钻石3.72克拉，18K白金。香港制作。祖母绿因其特殊的晶体结构，是瑕疵最多的宝石。俗称“世间没有完美的人，也没有无瑕的祖母绿”。而本款17颗祖母绿，清澈透明，色泽艳丽，与以上红宝石、蓝宝石手链组成配套系列。风度翩翩，楚楚动人。
估　价：RMB100,000–200,000
成交价：RMB123,200
北京荣宝，□1325，2013年12月15日

钯金镶祖母绿及钻石手镯

钯金镶祖母绿钻石手链可谓收藏界的古董臻品，将巧夺天工的工艺与奢华大气的设计相结合，整体散发着优雅与高贵的气质。
估　价：RMB450,000–550,000
北京银座国际，1611，2013年12月2日

天然哥伦比亚祖母绿配镶钻石项链

最大颗主石尺寸约为11.92毫米×9.08毫米

14K白金，镶嵌共67.30克拉祖母绿，绿色清新明快，富有生机，配镶钻石，群星璀璨。

估　价：RMB900,000-1,200,000

成交价：RMB1,035,000

北京保利，6870，2013年6月5日

珐琅祖母绿胸针　约1880年制

胸针尺寸约为68.10毫米×62.55毫米，主石尺寸约为17.37毫米×13.29毫米

珐琅祖母绿胸针，造型简约大气，宛如心灵交融相汇，祖母绿清新明亮。

估　价：RMB80,000-140,000

北京保利，8756，2013年12月5日

祖母绿18K金珐琅彩吊坠（兼胸针）

重20.03克

祖母绿，18K金，珐琅彩，法国制作。

珐琅彩于十五世纪发明于法国，于康熙年间流传于中国，此后倍受国人推崇。本款法国设计师制作的18K金珐琅彩首饰，借用了黄金优美的色泽，以珐琅彩的透明质感，展现仙女驾着薄如蝉翼的彩蝶，翩翩而至。色彩谐调丰富，意韵飘渺。明丽的祖母绿，更为其增添了珠宝的风韵。

估　价：RMB28,000-38,000

成交价：RMB31,360

北京荣宝，2022，2013年9月8日

祖母绿钻石戒指耳环套装

估　价：HKD50,000-70,000

估　价：USD6,400-9,000

香港邦瀚斯，1087，2013年11月23日

祖母绿钻石戒指

估　价：HKD2,600,000–3,000,000
估　价：USD330,000–385,000
香港天成，576，2013年12月8日

祖母绿钻石戒指

估　价：HKD160,000–200,000
估　价：USD21,000–26,000
香港邦瀚斯，1019，2013年11月23日

祖母绿及钻石戒指

估　价：HKD90,000–120,000
估　价：USD12,000–15,000
香港邦瀚斯，1112，2013年11月23日

祖母绿钻石戒指

估　价：HKD200,000–300,000
估　价：USD26,000–39,000
香港天成，31，2013年6月15日

18K金祖母绿配钻石戒指

尚比亚祖母绿宝石，颜色浓烈，主石内部干净。
估　价：RMB8,000–15,000
成交价：RMB25,300
北京传是国际，836，2013年12月11日

祖母绿配钻石戒指

估　价：HKD7,000,000–8,000,000
估　价：USD900,000–1,000,000
香港苏富比，1399，2013年12月6日

天然哥伦比亚祖母绿配镶钻石耳环（一对）

主石尺寸分别约为9.08毫米×9.18毫米，9.17毫米×9.22毫米
18K白金，镶嵌6.05克拉天然祖母绿耳环，配以总重3.68克拉的钻石，传统经典设计，尽显高贵俊丽。
估　价：RMB500,000–900,000
成交价：RMB540,500
北京保利，8794，2013年12月5日

祖母绿配钻石吊耳环（一对）

祖母绿珠共重约19.50克拉
估　价：HKD100,000–150,000
估　价：USD13,000–20,000
香港苏富比，1370，2013年12月6日

祖母绿铂金戒指

总重11.9克，祖母绿5.0克拉，产地为哥伦比亚；钻石1.56克拉，PT900铂金。

祖母绿名列四大珍贵宝石之一，居绿色宝石之首，以哥伦比亚产的为最佳。祖母绿因其独特的矿石结构，经常会含有杂质或裂痕，很难形成大颗粒，3克拉以上即为收藏级。本款祖母绿达5克拉，且颜色纯正，饱满清澈，周围以大颗粒钻石围镶，更显至尊气派。

估　价：RMB200,000–300,000

成交价：RMB224,000

北京荣宝，2041，2013年9月8日

祖母绿钻石戒指

估　价：HKD5,000,000–7,000,000

估　价：USD650,000–900,000

香港天成，42，2013年6月15日

祖母绿配钻石吊坠

吊坠尺寸为43.63毫米×35.03毫米

18K黄金镶嵌1颗重达27.63克拉的哥伦比亚祖母绿，吊坠上方镶嵌1颗0.32克拉的梨形钻石，周围配镶了55颗共重4.78克拉的梯形钻石及32颗共重1.70克拉的圆形钻石。

估　价：RMB330,000–400,000

成交价：RMB379,500

广州华艺，1634，2013年12月18日

祖母绿配钻石红宝石手表/手镯

估　价：HKD700,000–900,000

估　价：USD90,000–115,000

香港苏富比，1471，2013年12月6日

镶祖母绿配钻石花型胸针

胸针尺寸约为55.81毫米×35.51毫米

18K黄金，镶嵌祖母绿配钻石胸针，雅致华美，动人心弦。

估　价：RMB90,000–150,000

成交价：RMB103,500

北京保利，8751，2013年12月5日

珊瑚

红珊瑚持荷仕女 民国

高148毫米，连座重121.7克

珊瑚，圆雕。整材，立体镂空深浮雕持荷仕女。人物束发高髻五官清秀，身姿婀娜，手执荷花婷婷而立，身旁垒灵石，菊花盛开，灵猫嬉戏。材质精良红润，刀笔精美细致。

估 价：RMB68,000-88,000

上海新华，319，2013年12月26日

红珊瑚凤凰仕女　民国

高145毫米，连座重352.7克

整料，圆雕。仕女束发高髻，五官秀丽，着绣衫长裙，锦带披肩飘曳，双手持莲花，左侧，丹凤丰羽展翅，动态十足。材质优良，色泽红艳，刻工精细，人物传神。

估　价：RMB80,000–120,000

上海新华，317，2013年12月26日

红珊瑚龙凤仕女童子　清晚期

高210毫米，重430.3克

珊瑚，圆雕。整料材，立体镂空高浮雕人物立像。仕女束发高髻，眉目清秀，抱一童子立于海浪上，膝下龙腾凤舞，另一童子手持小旗，双足站于龙背。刻工精湛，场面生动，料材红润。

估　价：RMB120,000 160,000

上海新华，318，2013年12月26日

珊瑚弥陀　清代

高70毫米，重175.3克

估　价：RMB38,000–48,000

上海新华，320，2013年12月26日

珊瑚圆珠胸花　民国

珠径为28毫米

估　价：RMB20,000–30,000

成交价：RMB34,500

北京传是国际，839，2013年12月11日

珊瑚戒指　民国

戒面直径为16毫米

估　价：RMB20,000–25,000

成交价：RMB26,450

北京传是国际，838，2013年12月11日

珊瑚戒指

重11.5555克

估　价：RMB2,000–5,000

成交价：RMB5,750

北京远方，1107，2013年12月2日

珊瑚戒指

直径为14.23毫米，重14.398克

估　价：RMB15,000–30,000

成交价：RMB17,250

北京远方，1205，2013年12月2日

珊瑚项链

重45.751克

估　价：RMB8,000–15,000

北京远方，1217，2013年12月2日

珊瑚戒指

直径为11.7毫米，重9.3149克

估　价：RMB4,000–8,000

成交价：RMB6,900

北京远方，1119，2013年12月2日

珊瑚戒指

直径为13.91毫米，重9.061克

估　价：RMB15,000–25,000

成交价：RMB29,900

北京远方，1213，2013年12月2日

顶级红珊瑚戒指

直径为15.45毫米，重12.156克

估　价：RMB20,000–35,000

成交价：RMB40,250

北京远方，1206，2013年12月2日

阿卡红珊瑚戒指

直径为14.48毫米，重13.23克
估　价：RMB12,000–25,000
成交价：RMB13,800
北京远方，1214，2013年12月2日

珊瑚戒指

直径为11.2毫米，重7.9克
估　价：RMB8,000–12,000
成交价：RMB11,500
北京远方，1254，2013年12月2日

阿卡红珊瑚吊坠

重17.389克
估　价：RMB14,000–25,000
北京远方，1182，2013年12月2日

铂金珊瑚戒指

直径为8.3毫米，重5.53克
估　价：JPY30,000
估　价：RMB1,950
横滨国际，1078，2013年9月1日

铂金珊瑚戒指

直径为10毫米，重7.3克
估　价：JPY30,000
估　价：RMB1,950
横滨国际，1081，2013年9月1日

铂金珊瑚戒指

直径为10.1毫米，重6.6克
估　价：JPY20,000
估　价：RMB1,300
横滨国际，1089，2013年9月1日

珊瑚项串

重51.1克

估　价：RMB10,000–15,000

上海新华，358，2013年12月26日

铂金珊瑚戒指

直径为13.5毫米，重11.1克

估　价：JPY50,000

估　价：RMB3,250

横滨国际，1093，2013年9月1日

铂金珊瑚戒指

直径为10.1毫米，重7.63克

估　价：JPY50,000

估　价：RMB3,250

横滨国际，1096，2013年9月1日

铂金珊瑚戒指

直径为10.7毫米，重8克

估　价：JPY80,000

估　价：RMB5,200

横滨国际，1128，2013年9月1日

铂金珊瑚戒指

直径为15.1毫米，重8.7克

估　价：JPY60,000

估　价：RMB3,900

横滨国际，1129，2013年9月1日

铂金珊瑚戒指

重12.7克

估　价：JPY180,000

估　价：RMB11,700

横滨国际，1131，2013年9月1日

铂金珊瑚戒指

直径为13.8毫米，重13.3克

估　价：JPY100,000

估　价：RMB6,500

横滨国际，1193，2013年9月1日

天然红珊瑚配镶白玉、钻石两用式项链

最大颗珊瑚珠尺寸约为5.92毫米

天然红珊瑚项链，红色娇艳似火，珊瑚珠色泽亮丽，配镶白玉、钻石，经典雅致，项链可拆分，可作胸针。

估　价：RMB32,000–48,000

成交价：RMB43,700

北京保利，6555，2013年5月12日

珊瑚排链

重39.304克

估　价：RMB60,000–100,000

北京远方，1194，2013年12月2日

铂金珊瑚戒指

直径为15.4毫米，重20.4克

估 价：JPY80,000

估 价：RMB5,200

横滨国际，1092，2013年9月1日

铂金珊瑚戒指

直径为10.8毫米，重10.04克

估 价：JPY80,000

估 价：RMB5,200

横滨国际，1097，2013年9月1日

铂金珊瑚戒指

重8.9克

估 价：JPY100,000

估 价：RMB6,500

横滨国际，1130，2013年9月1日

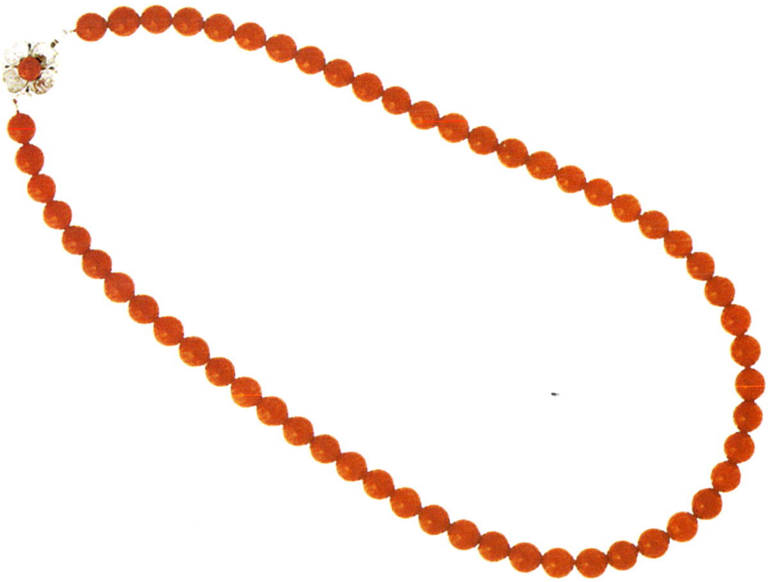

银珊瑚项链

长420毫米，重35克

估 价：JPY130,000

估 价：RMB8,450

日本美协，210，2013年9月7日

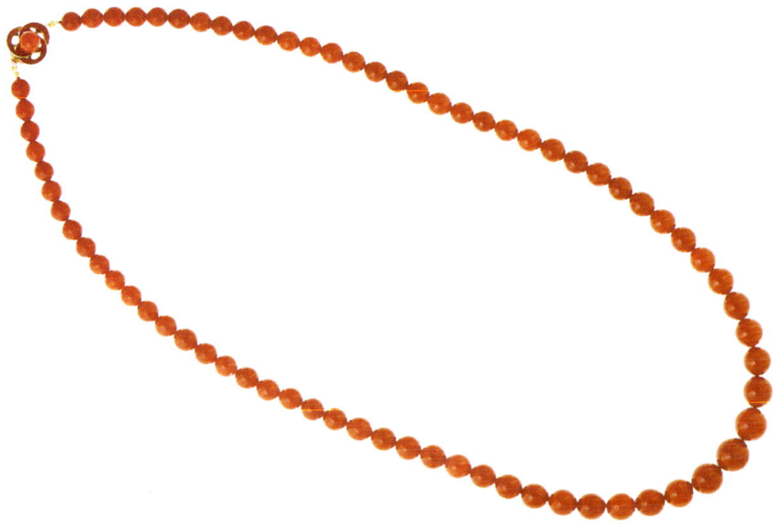

18K金珊瑚项链

长450毫米，重39克

估 价：JPY280,000

估 价：RMB18,200

日本美协，213，2013年9月7日

铂金珊瑚戒指

重8.78克
估　价：JPY50,000
估　价：RMB3,250
横滨国际，1079，2013年9月1日

铂金珊瑚戒指

直径为9.3毫米，重6.2克
估　价：JPY30,000
估　价：RMB1,950
横滨国际，1080，2013年9月1日

铂金珊瑚戒指

直径为10毫米，重7克
估　价：JPY50,000
估　价：RMB3,250
横滨国际，1082，2013年9月1日

珊瑚胸针

重6.988克
估　价：RMB7,000–10,000
估　价：RMB8,050
北京远方，1122，2013年12月2日

铂金珊瑚胸针

直径为10毫米，重15.5克
估　价：JPY100,000
估　价：RMB6,500
横滨国际，1165，2013年9月1日

铂金珊瑚戒指

重9.7克
估　价：JPY50,000
估　价：RMB3,250
横滨国际，1088，2013年9月1日

铂金珊瑚戒指

直径为15.8毫米，重23.16克
估　价：JPY380,000
估　价：RMB24,700
横滨国际，1197，2013年9月1日

珊瑚配蓝宝石及钻石鸟形别针
估　价：HKD65,000–80,000
估　价：USD8,500–10,000
香港苏富比，1396，2013年12月6日

铂金珊瑚戒指
直径为16.2毫米，重18.21克
估　价：JPY380,000
估　价：RMB24,700
横滨国际，1196，2013年9月1日

铂金珊瑚戒指
重9.5克
估　价：JPY130,000
估　价：RMB8,450
日本美协，205–1，2013年9月7日

铂金珊瑚戒指
重14.1克
估　价：JPY180,000
估　价：RMB11,700
日本美协，262，2013年9月7日

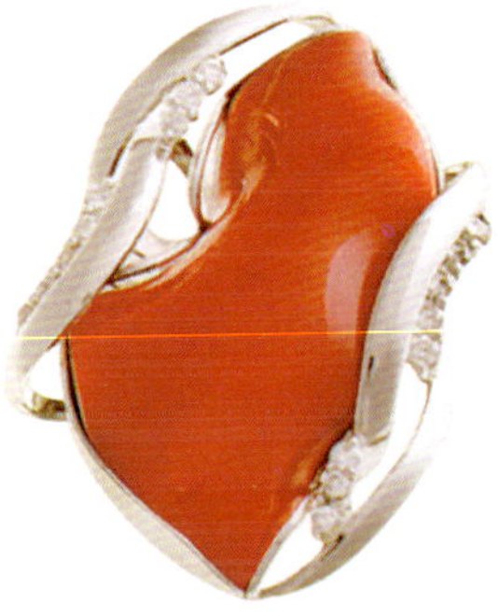

铂金珊瑚戒指
重23.1克
估　价：JPY250,000
估　价：RMB16,250
日本美协，263，2013年9月7日

铂金珊瑚戒指
重14.86克
估　价：JPY280,000
估　价：RMB18,200
日本美协，264，2013年9月7日

铂金珊瑚戒指

直径为14.9毫米，重13.4克

估　价：JPY200,000

估　价：RMB13,000

横滨国际，1195，2013年9月1日

阿卡红珊瑚吊坠

重16.17克

估　价：RMB14,000–25,000

北京远方，1181，2013年12月2日

铂金珊瑚戒指

重7.6克

估　价：JPY100,000

估　价：RMB6,500

日本美协，203–1，2013年9月7日

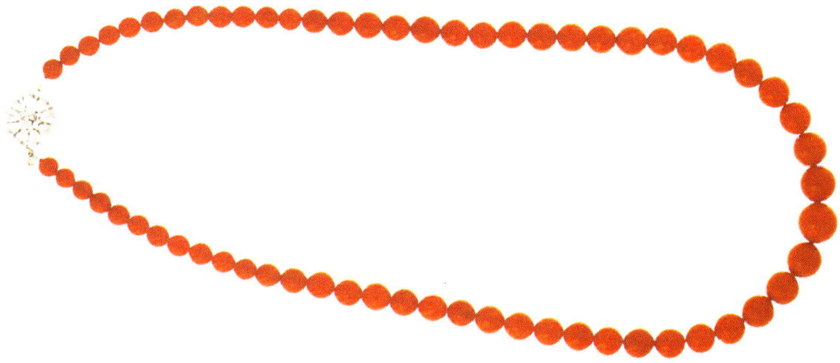

14K白金珊瑚项链

长460毫米

估　价：JPY200,000

估　价：RMB13,000

日本美协，214，2013年9月7日

铂金珊瑚戒指

重13.2克

估　价：JPY120,000

估　价：RMB7,800

日本美协，202–1，2013年9月7日

珊瑚摆件

估　价：JPY100,000

估　价：RMB6,500

日本美协，403，2013年9月7日

天然红珊瑚珠链、耳环套装

项链长度约为460毫米，最大直径约为9.74毫米，耳钉直径约为13.86毫米

天然红珊瑚珠链，珠型圆润饱满，色泽莹润，红色均匀，质地细腻；珊瑚耳环，拉丝工艺包镶，珊瑚蛋面厚实大气，经典复古款式，古韵盎然，典雅传统。

估　价：RMB55,000–85,000

成交价：RMB36,800

北京保利，8509，2013年12月5日

珊瑚项串

重29.7克

估　价：RMB7,000-10,000

上海新华，359，2013年12月26日

铂金珊瑚戒指

重13克

估　价：JPY80,000

估　价：RMB5,200

日本美协，282，2013年9月7日

铂金珊瑚戒指

重10.25克

估　价：JPY120,000

估　价：RMB7,800

日本美协，284，2013年9月7日

铂金珊瑚戒指

重12.25克

估　价：JPY250,000

估　价：RMB16,250

日本美协，289，2013年9月7日

铂金珊瑚戒指

重13.76克

估　价：JPY80,000

估　价：RMB5,200

日本美协，286，2013年9月7日

铂金珊瑚戒指

重20.8克

估　价：JPY350,000

估　价：RMB22,750

日本美协，315，2013年9月7日

铂金珊瑚戒指

重27克

估　价：JPY500,000

估　价：RMB32,500

日本美协，316，2013年9月7日

铂金珊瑚戒指

重8.39克
估　价：JPY100,000
估　价：RMB6,500
日本美协，285，2013年9月7日

铂金珊瑚戒指

重12.3克
估　价：JPY150,000
估　价：RMB9,750
日本美协，287，2013年9月7日

铂金珊瑚戒指

重24.4克
估　价：JPY1,200,000
估　价：RMB78,000
日本美协，317，2013年9月7日

天然珊瑚珠链

镶18K白金，37颗珊瑚珠直径约为13.00毫米，项链长度约为470毫米
估　价：HKD380,000–570,000
估　价：USD50,000–74,000
成交价：HKD448,400
成交价：USD57,843
香港天成，※381，2013年12月8日

18K金珊瑚吊坠

周长461.47毫米，重17.1克
估　价：JPY180,000
估　价：RMB11,700
日本美协，356，2013年9月7日

18K金珊瑚胸针

重32.70克
估　价：JPY90,000
估　价：RMB5,850
日本美协，359，2013年9月7日

珊瑚吊坠

重2.7克

估 价：RMB3,000–6,000

成交价：RMB4,600

北京远方，1110，2013年12月2日

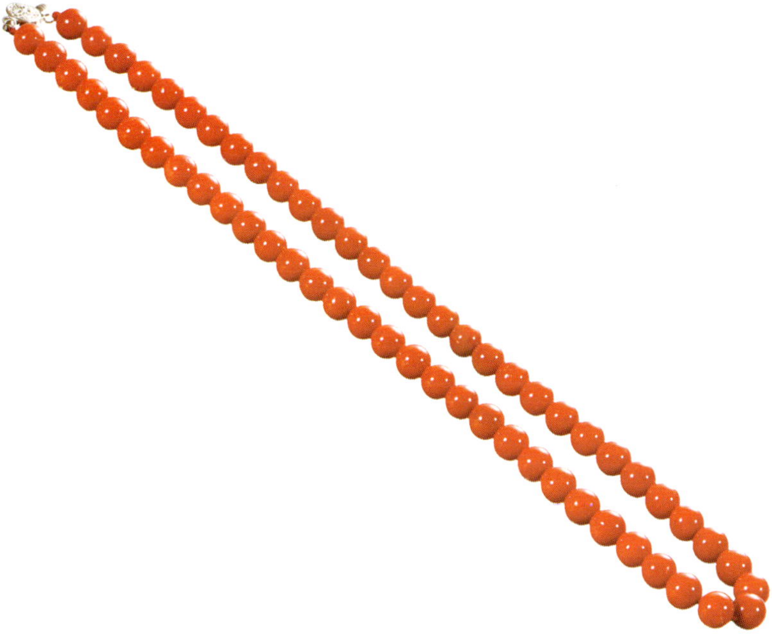

珊瑚项链

单珠径约为8毫米

估 价：RMB8,000–15,000

成交价：RMB17,250

北京传是国际，841，2013年12月11日

珊瑚吊坠

重4.7克

估 价：RMB3,000–6,000

成交价：RMB9,200

北京远方，1118，2013年12月2日

珊瑚吊坠

重6.4克

估 价：RMB10,000–20,000

成交价：RMB23,000

北京远方，1187，2013年12月2日

铂金珊瑚胸针

重25.48克

估 价：JPY280,000

估 价：RMB18,200

日本美协，266，2013年9月7日

天然珊瑚蛋面配翡翠钻石项链

镶18K白金，项链长度约391毫米

估　价：HKD300,000-390,000

估　价：USD39,000-51,000

成交价：HKD354,000

成交价：USD45,666

香港天成，※478，2013年12月8日

天然珊瑚珠配翡翠项链

108颗珊瑚珠尺寸约为10毫米，项链长度约为1040毫米

估　价：HKD230,000–300,000

估　价：USD30,000–39,000

成交价：HKD318,600

成交价：USD41,099

香港大成，※535，2013年12月8日

铂金珊瑚戒指
重42.8克
估　价：JPY2,500,000
估　价：RMB162,500
日本美协，320，2013年9月7日

铂金珊瑚戒指
重23.9克
估　价：JPY600,000
估　价：RMB39,000
日本美协，399，2013年9月7日

珊瑚配祖母绿、钻石及缟玛瑙鹦鹉别针　约1990年
估　价：HKD480,000-580,000
估　价：USD60,000-75,000
香港苏富比，1446，2013年12月6日

铂金珊瑚戒指
重20.2克
估　价：JPY500,000
估　价：RMB32,500
日本美协，406，2013年9月7日

铂金珊瑚戒指
重35.5克
估　价：JPY1,500,000
估　价：RMB97,500
日本美协，407，2013年9月7日

红珊瑚珠戒
直径为16.7毫米，重18.3克
估　价：RMB6,000-10,000
成交价：RMB11,500
北京远方，1255，2013年12月2日

珊瑚项链

重41.8克

估　价：RMB20,000–30,000

北京远方，1207，2013年12月2日

铂金珊瑚戒指

重16.5克

估　价：JPY240,000

估　价：RMB15,600

日本美协，395，2013年9月7日

铂金珊瑚戒指

重24.3克

估　价：JPY500,000

估　价：RMB32,500

日本美协，405，2013年9月7日

铂金珊瑚戒指

重14.31克

估　价：JPY240,000

估　价：RMB15,600

日本美协，394，2013年9月7日

铂金珊瑚戒指

重21.4克

估　价：JPY480,000

估　价：RMB31,200

日本美协，401，2013年9月7日

18K金珊瑚戒指

重4.2克

估　价：JPY20,000

估　价：RMB1,300

横滨国际，1077，2013年9月1日

天然红珊瑚珠链

珊瑚直径约为5.52～6.18毫米

此项链由108颗珊瑚串连而成，配以青金石、绿松石搭配，链扣以白玉作点缀，珊瑚珠粒浑圆饱满，色泽鲜艳。

估　价：RMB23,000–28,000

广州华艺，1729，2013年12月18日

18K金珊瑚戒指

重15.1克
估　价：JPY250,000
估　价：RMB16,250
日本美协，402，2013年9月7日

18K金珊瑚戒指

重4.2克
估　价：JPY20,000
估　价：RMB1,300
横滨国际，1083，2013年9月1日

18K金珊瑚戒指

重12.72克
估　价：JPY50,000
估　价：RMB3,250
横滨国际，1084，2013年9月1日

18K金珊瑚戒指

重13.61克
估　价：JPY50,000
估　价：RMB3,250
横滨国际，1085，2013年9月1日

18K金珊瑚戒指

直径为5.1～6.8毫米，重13.19克
估　价：JPY50,000
估　价：RMB3,250
横滨国际，1086，2013年9月1日

18K金珊瑚戒指

直径为5～7毫米，重8.7克
估　价：JPY50,000
估　价：RMB3,250
横滨国际，1087，2013年9月1日

18K金珊瑚戒指

直径为13.2毫米，重14.08克
估　价：JPY50,000
估　价：RMB3,250
横滨国际，1095，2013年9月1日

18K金珊瑚戒指

直径为20毫米，重22.7克
估　价：JPY100,000
估　价：RMB6,500
横滨国际，1094，2013年9月1日

18K金珊瑚戒指

直径为13.2毫米，重14.08克
估　价：JPY50,000
估　价：RMB3,250
横滨国际，1098，2013年9月1日

18K金珊瑚戒指

直径为16.4毫米，重8.42克
估　价：JPY80,000
估　价：RMB5,200
横滨国际，1099，2013年9月1日

18K金珊瑚戒指

重6.7克
估　价：JPY130,000
估　价：RMB8,450
日本美协，201-1，2013年9月7日

18K白金珊瑚戒指

重13.4克
估　价：JPY250,000
估　价：RMB16,250
日本美协，288，2013年9月7日

18K金珊瑚戒指

直径为14.5毫米，重23.1克
估　价：JPY100,000
估　价：RMB6,500
横滨国际，1100，2013年9月1日

18K金珊瑚戒指

直径为12.9毫米，重14.1克
估　价：JPY100,000
估　价：RMB6,500
日本美协，283，2013年9月7日

18K白金珊瑚戒指

重6.7克
估　价：JPY100,000
估　价：RMB6,500
日本美协，393，2013年9月7日

18K金珊瑚戒指

重10.1克
估　价：JPY100,000
估　价：RMB6,500
横滨国际，1127，2013年9月1日

18K金珊瑚戒指

直径为16.8毫米，重17.84克
估　价：JPY280,000
估　价：RMB18,200
横滨国际，1198，2013年9月1日

18K金珊瑚戒指

重24.6克
估　价：JPY400,000
估　价：RMB26,000
日本美协，400，2013年9月7日

阿卡红珊瑚胸针吊坠两用

重7.836克
估　价：RMB6,000-10,000
成交价：RMB11,500
北京远方，1183，2013年12月2日

铂金珊瑚带扣

重14.98克
估　价：JPY180,000
估　价：RMB11,700
横滨国际，1167，2013年9月1日

18K白金珊瑚胸针

重10.6克
估　价：JPY60,000
估　价：RMB3,900
横滨国际，1166，2013年9月1日

18K白金珊瑚胸针

重20.1克
估　价：JPY150,000
估　价：RMB9,750
日本美协，260，2013年9月7日

珊瑚花型戒指

重15.51克
珊瑚，钻石，18K黄金，日本工艺。
估　价：RMB22,000-32,000
成交价：RMB24,640
北京荣宝，□1370，2013年12月15日

18K金珊瑚耳环

重7克
估　价：JPY130,000
估　价：RMB8,450
日本美协，201-2，2013年9月7日

天然珊瑚配钻石戒指

直径约18毫米
18K白金镶嵌珊瑚蛋面，珊瑚颜色橙中泛粉，产于地中海海域，具有天然的珊瑚纹理，周围配镶圆形钻石，简洁时尚。
估　价：RMB20,000-24,000
成交价：RMB25,300
广州华艺，1731，2013年12月18日

18K金阿卡珊瑚戒指

珊瑚品种中最为稀少和珍贵的阿卡珊瑚戒指，产自中国台湾的阿卡珊瑚拥有最为炽烈的红色。饱满的圆蛋面配以18K玫瑰金镶嵌，柔美灵秀。
估　价：RMB8,000-15,000
成交价：RMB20,700
北京传是国际，837，2013年12月11日

红珊瑚钻石戒指

重10克
阿卡红珊瑚，钻石0.45克拉，PT900铂金，鲜艳的阿卡红珊瑚成为很多女性的最爱。本款设计独特，造型妩媚，充分体现了女性的风韵。
估　价：RMB22,000-32,000
北京荣宝，□1369，2013年12月15日

珊瑚配翡翠钻石项链

项链长度约为480毫米

镶18K白金。

估　价：HKD280,000-380,000

估　价：USD36,000-49,000

香港天成，※47，2013年6月15日

珊瑚排链

重44.768克

估　价：RMB15,000–30,000

成交价：RMB34,500

北京远方，1139，2013年12月2日

18K金珊瑚吊坠

周长109.460毫米，重23.75克
估　价：JPY80,000
估　价：RMB5,200
日本美协，357，2013年9月7日

铂金珊瑚吊坠

重25.53克
估　价：JPY220,000
估　价：RMB14,300
日本美协，265，2013年9月7日

珊瑚吊坠

重12.913克
估　价：RMB20,000–35,000
北京远方，1212，2013年12月2日

天然红珊瑚耳环、戒指套装

戒指主石尺寸约为21.57毫米×11.20毫米，耳环主石尺寸约为16.85毫米×10.35毫米
18K白金镶嵌天然红珊瑚戒指，圆润饱满及18K白金镶嵌红珊瑚耳环，颜色浓郁，滇红似火，配以钻石，彰显贵气。
估　价：RMB120,000–180,000
北京保利，8528，2013年12月5日

珊瑚佛珠一串（29粒）

重236.9克
估　价：RMB18,000–28,000
上海新华，356，2013年12月26日

超大珊瑚佛珠

单珠径约为10毫米

10毫米的超大珊瑚佛珠项链，颜色均匀，婉约。厚重的质地是珊瑚独有的特点。

估　价：RMB60,000–100,000

成交价：RMB115,000

北京传是国际，842，2013年12月11日

天然珊瑚配钻石耳钉

珊瑚直径约为18毫米

此对耳钉中橙色泛粉的珊瑚产于地中海海域，具有天然的珊瑚纹理，周围配镶圆形钻石，造型简洁，不失时尚。

估　价：RMB35,000-42,000

成交价：RMB40,250

广州华艺，1730，2013年12月18日

珊瑚雕花胸针

重53.9克

估　价：RMB8,000-12,000

估　价：RMB9,200

北京远方，1120，2013年12月2日

天然珊瑚养殖珍珠各色宝石挂坠

镶18K白金。

估　价：HKD65,000-95,000

估　价：USD8,400-13,000

成交价：HKD88,500

成交价：USD11,416

香港天成，※379，2013年6月15日

琥珀

琥珀松鼠葡萄摆件　清代

高66毫米

琥珀，圆雕。材质通透，色润金黄。镂空圆雕硕桃，桃体依附一串葡萄，藤叶缠绕，蜜蜂栖伏。形制自然，纹饰趣味，料材精良。

估　价：RMB35,000–45,000

上海新华，324，2013年12月26日

琥珀松鼠葡萄佩　清代

长60毫米

琥珀料，圆雕。材质滋润，色泽红透。镂空雕肥叶硕果葡萄，藤蔓弯卷，一大一小两松鼠伏爬葡萄上。纹饰生动精美，刻工细腻讲究，形制灵巧可人。

估　价：RMB28,000–38,000

上海新华，326，2013年12月26日

琥珀佛手　清代

长80毫米

琥珀，圆雕。料质醇透，色泽红润。整料雕佛手，节杆处琢一孔，可作穿系，果体厚实，纹理清晰，刀刻老辣，器形可人。

估　价：RMB30,000–40,000

上海新华，325，2013年12月26日

天然琥珀配钻石耳环、戒指及项链套装

最大颗主石尺寸约为28.63毫米×18毫米

18K白金镶嵌天然琥珀，白炽灯下呈现酒红色，日光灯下呈现蓝色，美轮美奂，配镶钻石，典雅大方。

估　价：RMB80,000–120,000

北京保利，6559，2013年6月5日

琥珀项串（108粒）

估 价：RMB38,000–50,000

上海新华，357，2013年12月26日

天然琥珀项链及耳环套装

琥珀项链珠子直径约为5.23毫米×5.72毫米~21.73毫米×22.98毫米。耳环珠子直径约为14毫米
琥珀项链珠子共29颗，间隔配镶14K黄金珠子共14颗，设计典雅大方。

估　价：RMB23,000-35,000

广州华艺，1727，2013年12月18日

紫水晶

天然紫水晶配镶钻石戒指

主石直径约为20.07毫米
18K白金镶嵌天然紫水晶，迷人至美，紫水晶象征智慧无限，配以钻石，雅致经典。
估　价：RMB28,000–42,000
北京保利，6522，2013年6月5日

紫晶配镶钻石胸针　约1920年制

胸针尺寸约为64.6毫米×35.33毫米
紫晶镶钻胸针，工艺精细，造型古朴典雅，简单风尚，背部印有“CARTIER”品牌印记。
估　价：RMB100,000–200，000
北京保利，8758，2013年12月5日

紫水晶钻石挂坠项链

镶18K白金，项链长度约为700毫米
估　价：HKD30,000–50,000
估　价：USD3,900–6,500
成交价：HKD118,000
成交价：USD15,222
香港天成，539，2013年12月8日

紫黄晶戒指

重9.8577克
估　价：RMB2,000–4,000
成交价：RMB6,900
北京远方，1102，2013年12月2日

铂金紫晶戒指

重28.1克
估　价：JPY150,000
估　价：RMB9,750
日本美协，235，2013年9月7日

天然紫水晶配镶钻石戒指

主石尺寸约为17.82毫米×13.2毫米
18K白金镶嵌紫水晶戒指，硕大紫晶，柔和瑰丽，配镶钻石，立体设计，华丽大气。
估　价：RMB35,000–55,000
北京保利，8556，2013年12月5日

天然紫水晶配镶钻石戒指

主石尺寸约为17.82毫米×13.2毫米
18K白金镶嵌紫水晶戒指，硕大紫晶，柔和瑰丽，配镶钻石，立体设计，华丽大气。
估　价：RMB35,000–55,000
北京保利，8556，2013年12月5日

红宝石

红宝石配镶钻石戒指

主石尺寸约为10.43毫米×8.96毫米

14K金镶嵌4.75克拉红宝石配钻石戒指，红色柔美温情，钻石闪闪发光，温纯时尚。

估　价：RMB30,000–50,000

成交价：RMB36,800

北京保利，8762，2013年12月5日

缅甸天然鸽血红红宝石配镶钻石戒指

主石尺寸约为8.44毫米×7.16毫米×4.29毫米

900铂金镶嵌2.35克拉天然缅甸鸽血红宝石，鸽血红色亮丽，款式简洁大方。

估　价：RMB68,000–100,000

成交价：RMB78,200

北京保利，8773，2013年12月5日

红宝石钻石项链

项链长度约452毫米

镶铂金，30颗椭圆形红宝石共重27.19克拉，钻石共重约16.2克拉。

估　价：HKD1,500,000–2,200,000

估　价：USD200,000–290,000

香港天成，※35，2013年6月15日

天然缅甸鸽血红红宝石配镶钻石戒指

18K白金镶嵌4.02克拉天然无热处理红宝石，妩媚明艳，配以高白度钻石，典雅别致。

估　价：RMB300,000–500,000

成交价：RMB39,000

北京保利，8784，2013年12月5日

天然缅甸红宝石戒指

主石尺寸约为16.08毫米×10.5毫米×6.71毫米

18K白金镶嵌10.39克拉红宝石戒指，娇艳美人，配以多层马眼形钻石，极具贵气。

估　价：RMB1,800,000–2,600,000

北京保利，8798，2013年12月5日

星光红宝石配镶钻石戒指

18K白金镶嵌14.78克拉星光红宝石，六射星线妩媚动人，配以多颗小钻，更为雅致。

估　价：RMB120,000–200,000

北京保利，8777，2013年12月5日

天然缅甸红宝石配镶钻石戒指

18K白金镶嵌20.02克拉红宝石，娇红似火，配以14.4克拉璀璨钻石，瑰丽俏美，彰显贵气。
估　价：RMB1,100,000–1,800,000
成交价：RMB1,242,000
北京保利，8582，2013年12月5日

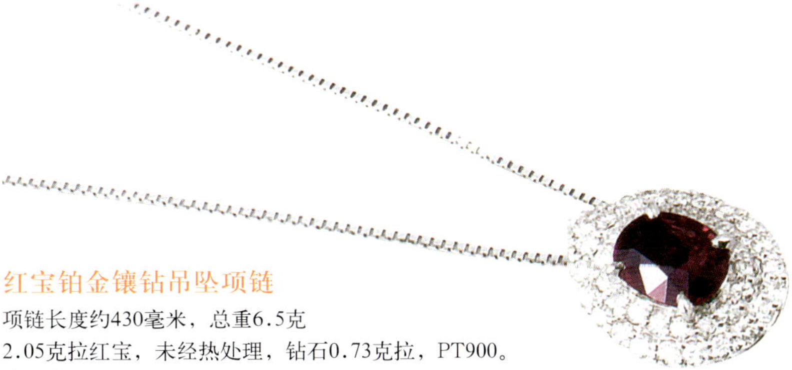

红宝铂金镶钻吊坠项链

项链长度约430毫米，总重6.5克
2.05克拉红宝，未经热处理，钻石0.73克拉，PT900。
估　价：RMB35,000–45,000
北京荣宝，2026，2013年9月8日

天然缅甸鸡血红红宝石戒指

主石尺寸约为10.34毫米×10.21毫米×6.53毫米
18K白金镶嵌5.76克拉缅甸天然未经热处理鸽血红红宝石，鲜红似火，配以钻石，奢华典雅。
估　价：RMB1,880,000–2,680,000
北京保利，8799，2013年12月5日

天然鸽血红红宝石配钻石戒指

黄金与白金镶嵌6.74克拉天然红宝石蛋面，亮丽通透，四周配以钻石点缀的藤叶点缀，娇艳欲滴，唯美至极。
估　价：HKD200,000–300,000
估　价：USD25,600–38,500
成交价：HKD299,000
保利香港，2662，2013年10月6日

天然鸽血红红宝石配钻石戒指

18K白金镶嵌5.32克拉梨形天然红宝石，艳红如焰，配以钻石花叶相伴在旁，娇艳美态尽收眼底。
估　价：HKD850,000–1,100,000
估　价：USD109,000–141,000
成交价：HKD977,500
保利香港，2626，2013年10月6日

天然红宝石配钻石戒指

主石尺寸约为9.64毫米×8.04毫米
18K白金镶嵌3.6克拉红宝石戒指，配石为6颗大粒马眼形钻石以及多颗圆钻精心设计而成。主石颜色浓郁，红艳似火，配石璀璨夺目，款式传统经典，高贵非凡，别致奢靡。
估　价：RMB380,000–580,000
成交价：RMB425,500
北京保利，8786，2013年12月5日

天然缅甸红宝石配镶钻石戒指

主石尺寸约为11.29毫米×10.14毫米×4.82毫米
950铂金镶嵌5.04克拉天然缅甸红宝石，颜色浓艳，主石饱满，配镶共5.63克拉钻石，璀璨夺目，奢华至美。
估　价：RMB4,200,000–5,200,000
北京保利，6876，2013年6月5日

天然红宝石配钻石戒指

铂金镶嵌1.2克拉天然方形红宝石及一克拉钻石，指环密镶长方形钻石，重叠的交叉式设计，红宝石与钻石交相辉映，更显其娇艳可人的色调。印有卡地亚品牌印记。
估　价：HKD120,000–160,000
估　价：USD15,400–20,500
保利香港，2516，2013年10月6日

红宝石戒指

直径为1.75毫米，重18.8克
估　价：RMB25,000–40,000
成交价：RMB43,700
北京远方，1144，2013年12月2日

红宝戒指

重5.394克
估　价：RMB14,000–22,000
成交价：RMB25,300
北京远方，1250，2013年11月29日

天然鸽血红红宝石配钻石项链

项链长约420毫米
铂金镶嵌总重72克拉的椭圆形缅甸鸽血红红宝石，娇艳似火，配以钻石，奢华无限。
估　价：HKD580,000–880,000
估　价：USD74,400–112,800
成交价：HKD632,500
保利香港，2744，2013年10月6日

铂金红宝石戒指

重12.5克
估　价：JPY130,000
估　价：RMB8,450
横滨国际，1136，2013年9月1日

铂金红宝石戒指

重9.8克
估　价：JPY100,000
估　价：RMB6,500
横滨国际，1135，2013年9月1日

铂金红宝石戒指

重10.1克
估　价：JPY60,000
估　价：RMB3,900
横滨国际，1132，2013年9月1日

天然红宝石配钻石项链

项链长约520毫米

铂金镶嵌28颗总重25.82克拉，枕形椭圆形，未经加热的缅甸天然鸽血红宝石，娇艳怡人，绚烂悦目，配以璀璨的钻石温柔包裹，美艳奢华，惊艳四方。

估　价：HKD400,000–600,000

估　价：USD51,300–76,900

成交价：HKD494,500

保利香港，2603，2013年10月6日

红宝石戒指

直径为1.7毫米，重11.6克
估　价：RMB10,000–20,000
成交价：RMB25,300
北京远方，1249，2013年12月2日

星光红宝戒指

直径为2.17毫米，重12.2克
估　价：RMB8,000–15,000
成交价：RMB17,250
北京远方，1253，2013年12月2日

铂金红宝石戒指

重14.3克
估　价：JPY100,000
估　价：RMB6,500
横滨国际，1070，2013年9月1日

红宝钻石项链

项链长度约410毫米，重32.87克
红宝7颗8.54克拉，钻石15.735克拉，18K白金。
估　价：RMB200,000–300,000
北京荣宝，□1327，2013年12月15日

红宝戒指

重5.7克
估　价：RMB2,500–4,500
成交价：RMB6,900
北京远方，1103，2013年12月2日

铂金红宝石戒指

重12.66克
估　价：JPY100,000
估　价：RMB6,500
横滨国际，1184，2013年9月1日

18K白金红宝石手链
长180毫米
估　价：HKD13,800
成交价：HKD14,950
大唐国际，3，2013年11月28日

铂金红宝石戒指
重8.3克
估　价：JPY180,000
估　价：RMB11,700
横滨国际，1183，2013年9月1日

铂金红宝石戒指
重12.6克
估　价：JPY220,000
估　价：RMB14,300
日本美协，294，2013年9月7日

铂金红宝石戒指
重3.6克
估　价：JPY30,000
估　价：RMB1,950
日本美协，292，2013年9月7日

铂金红宝石戒指
重4.7克
估　价：JPY220,000
估　价：RMB14,300
日本美协，224-2，2013年9月7日

铂金红宝石戒指
重6.2克
估　价：JPY150,000
估　价：RMB9,750
日本美协，344，2013年9月7日

铂金红宝石戒指
重15克
估　价：JPY140,000
估　价：RMB9,100
日本美协，416，2013年9月7日

铂金星光红宝石戒指
重10.6克
估　价：JPY380,000
估　价：RMB24,700
日本美协，422，2013年9月7日

18K金红宝石项链

长460毫米，重47.4克

估　价：JPY500,000

估　价：RMB32,500

日本美协，319，2013年9月7日

红宝石钻石项链

项链长度约407毫米

镶铂金，红宝石共重103.09克拉，钻石共重90.51克拉，尾端3.86克拉椭圆形红宝石及5.03克拉椭圆形钻石可作独立吊坠。

估　价：HKD23,800,000–28,000,000

估　价：USD3,100,000–3,600,000

香港天成，※222，2013年6月15日

铂金红宝石戒指

重8.3克
估　价：JPY100,000
估　价：RMB6,500
横滨国际，1182，2013年9月1日

红宝钻戒

重7.2克
估　价：RMB12,000-25,000
北京远方，1248，2013年12月2日

红宝钻石戒指

重5.88克
红宝2.7克拉，钻石0.7克拉，18K黄金。
估　价：RMB30,000-40,000
北京荣宝，□1313，2013年12月15日

红宝石钻石项链

项链长度约438毫米
镶铂金，58颗红宝石共重约80.83克拉，232颗钻石共重约66.9克拉。
估　价：HKD4,500,000-5,500,000
估　价：USD580,000-710,000
香港天成，※82，2013年6月15日

红宝石配钻石项链

估　价：HKD800,000-950,000
估　价：USD103,200-122,600
估　价：TWD3,077,000-3,654,000
罗夫奥香港，775，2013年11月26日

天然红宝石配钻石手链

手链长度约为170毫米

18K白金镶嵌天然红宝石配钻石手链，红宝石颜色均匀，典雅大方。

估　价：RMB80,000–12,000

成交价：RMB86,250

北京保利，8775，2013年12月5日

蒂芙尼　天然红宝石配钻石手链

手链长约175毫米

18K黄金镶嵌天然红宝石，配镶钻石，设计时尚简约，增添极致柔美的气质。手链印有蒂芙尼品牌印记。

估　价：HKD28,000–58,000

估　价：USD3,600–7,400

保利香港，2558，2013年10月6日

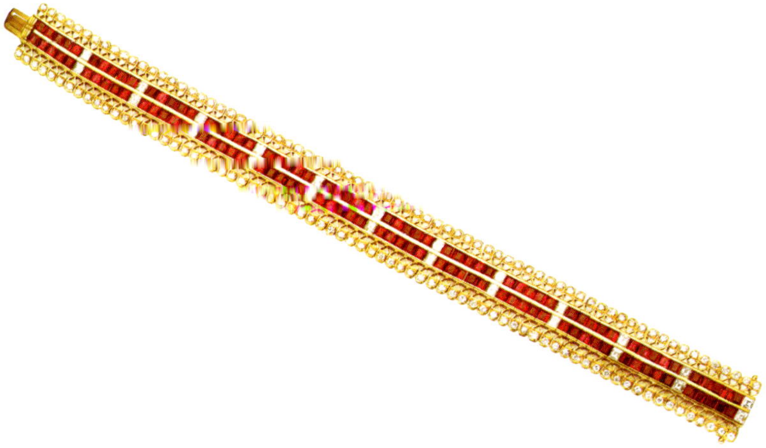

红宝石及钻石手链

估　价：HKD60,000–80,000

估　价：USD7,700–10,000

香港邦瀚斯，1029，2013年11月23日

红宝石钻戒

重8.15克

估　价：RMB3,000–6,000

成交价：RMB5,750

北京远方，1104，2013年12月2日

18K白金红宝石戒指

重14.98克

估　价：JPY80,000

估　价：RMB5,200

横滨国际，1180，2013年9月1日

18K金红宝石戒指

重6.3克

估　价：JPY220,000

估　价：RMB14,300

日本美协，224–1，2013年9月7日

红宝石项链

重78克

估　价：RMB50,000–80,000

北京远方，1166，2013年12月2日

红宝钻石吊坠项链

项链长度约400毫米，重8.1克

未经热处理的红宝石2.158克拉，钻石0.72克拉，PT900铂金。未经加热优化的天然红宝石非常稀少。本品清澈瑰丽，呈流行的粉红色。复古款式和铂金的使用，使热情活力与华贵沉稳得到完美平衡。

估　价：RMB45,000–65,000

成交价：RMB50,400

北京荣宝，□1318，2013年12月15日

1.23克拉红宝钻石戒指

重8.47克

红宝1.23克拉，钻石0.47克拉，18K黄金。意大利工艺。《圣经》将红宝石誉为“宝石之尊”。本款红宝石色泽艳丽，配钻晶莹透彻。黄金白钻与红宝石构成三色对比，属永不失宠的款式。

估　价：RMB18,000–28,000

北京荣宝，□1310，2013年12月15日

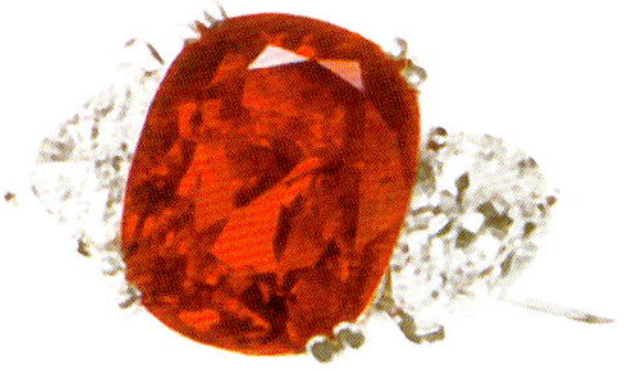

天然鸽血红红宝石配钻石戒指

铂金镶嵌7克拉缅甸Mongok天然鸽血红红宝石，未经热处理，两侧配镶梨形钻石，主石颜色浓烈，明亮纯净，犹如熊熊燃烧的火焰，蕴含勃勃的生命力。

估　价：HKD9,000,000–15,000,000

估　价：USD1,153,800–1,923,100

成交价：HKD10,350,000

保利香港，2628，2013年10月6日

天然鸽血红红宝石配钻石戒指

铂金镶嵌2.19克拉天然红宝石，配镶钻石，主石浓烈红艳，线条清晰流利。

估　价：HKD180,000–240,000

估　价：USD23,100–30,800

保利香港，2661，2013年10月6日

红宝钻石戒指

重9.67克

红宝2.311克拉，钻石1.40克拉，18K白金，日本工艺。此款红宝戒指是2013年日本特定销售的最新款式，采用大粒天然红宝，成色极佳，通透度好，无杂质。

估　价：RMB45,000–65,000

成交价：RMB50,400

北京荣宝，□1317，2013年12月15日

天然星光红宝石配钻石戒指

白18K金镶2颗星光红宝石，红宝石共重4.31克拉，周围配镶共重0.89克拉钻石。素面红宝石呈现六射星线，清晰明亮，星光熠熠。优雅的交叉式设计与星光红宝的独特气质交相呼应，流露出不凡的个性与品味。

估　价：RMB50,000–60,000

广州华艺，1643，2013年12月18日

18K金红宝碧玺配钻石戒指

夺目的火彩是这款红宝碧玺戒指的最大特点。以整圈大颗钻石作为陪衬，凸显了红包碧玺的光彩夺目，戒臂做了分色的设计，以玫瑰金的颜色作为红色主石的补充。整个款式简洁，大气。

估　价：RMB8,000–15,000

成交价：RMB16,100

北京传是国际，833，2013年12月11日

红宝钻石戒指

重9.72克

本款1.71克拉的红宝石质地纯洁，火焰明丽，配钻达1.41克拉，璀璨华贵。在宝石价格飞腾的今天，十分物有所值。

估　价：RMB28,000–38,000

成交价：RMB31,360

北京荣宝，□1316，2013年12月15日

天然鸽血红红宝石吊坠

吊坠尺寸约为22.59毫米×43.22毫米；主石尺寸约为8.00毫米×7.59毫米×4.61毫米

18K白金镶嵌2.48克拉天然鸽血红红宝石，设计简约，小巧优雅。

估　价：RMB150,000-200,000

北京保利，8782，2013年12月5日

天然鸽血红红宝石配钻石耳环

铂金镶嵌总重约6.72克拉椭圆形缅甸天然红宝石，配以钻石花叶精致镶嵌，艳丽回眸中，奢华之花瞬间绽放。

估　价：HKD3,600,000-5,200,000

估　价：USD461,500-666,700

保利香港，2747，2013年10月6日

天然红宝石项链

最大颗尺寸约为5.91毫米×7.42毫米

18K白金镶嵌9.9克拉天然红宝石，配以钻石，富丽精巧。

估　价：RMB280,000-360,000

北京保利，6850，2013年6月5日

红宝石及钻石丝巾形项链

18K黄金项链，丝巾造型，简约大方，金丝编织工艺，细腻精湛，配镶钻石、红宝石，精美异常。

估　价：RMB200,00-30,000

成交价：USD23,000

北京保利，6515，2013年6月5日

红宝石钻石项链及耳环

项链长度约397毫米

镶铂金，项链30颗红宝石共重54.24克拉，钻石共重约105.6克拉，耳环红宝石及钻石分别重约7.47及7.52克拉。

估　价：HKD6,500,000-8,000,000

估　价：USD840,000-1,000,000

香港天成，※366，2013年12月8日

天然红宝石配钻石耳坠

铂金镶嵌椭圆形天然红宝石，配镶钻石，垂感曼妙，摇曳生姿。

估　价：HKD400,000–500,000

估　价：USD51,300–64,100

保利香港，2601，2013年10月6日

红宝石及钻石手链

估　价：HKD1,200,000–1,600,000

估　价：USD150,000–210,000

香港邦瀚斯，1202，2013年11月23日

红宝石及钻石项链　约1969年

估　价：HKD1,600,000–2,400,000

估　价：USD210,000–310,000

香港邦瀚斯，1194，2013年11月23日

天然红宝石配镶钻石可拆卸胸针

胸针尺寸约为52.21毫米×23.9毫米

18K白金镶嵌钻石、红宝石可拆卸胸针，钻石熠熠闪烁，红宝石明艳亮丽，造型典雅精致，可拆卸为两枚胸针。

估　价：RMB36,000–56,000

成交价：RMB41,400

北京保利，8738，2013年12月5日

天然红宝石钻石（小象）胸针

18K金镶嵌钻石红宝石小象胸针，独具匠心的设计结合卓越精湛的工艺，栩栩如生，惟妙惟肖。印有卡地亚品牌印记。

估　价：HKD48,000–68,000

估　价：USD6,200–8,700

成交价：HKD55,200

保利香港，2513，2013年10月6日

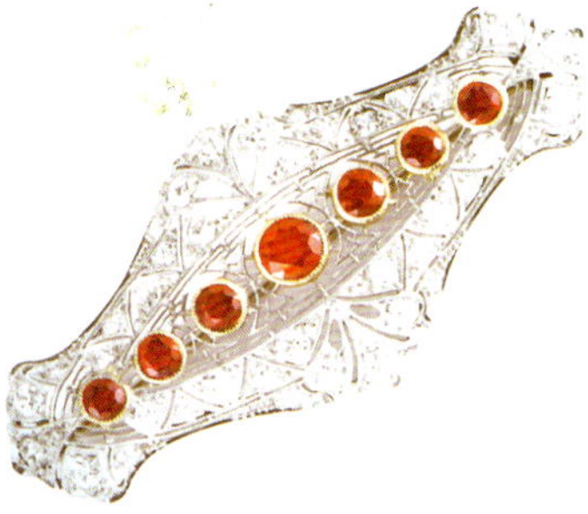

天然红宝石配钻石胸针

Art Deco风格白金镶嵌天然红宝石，配镶老式切割钻石，优雅灵动，复古华美，演绎出那份穿越时空的经典。

估　价：HKD22,000–48,000

估　价：USD2,800–6,200

保利香港，2594，2013年10月6日

天然未经处理红宝石钻石戒指

估　价：HKD2,000,000–3,000,000

估　价：USD260,000–390,000

香港天成，※71，2013年6月15日

星光红宝石及钻石戒指

估　价：HKD450,000–650,000

估　价：USD58,000–84,000

香港邦瀚斯，1078，2013年11月23日

红宝石及钻石手链及耳环套装

估　价：HKD230,000–260,000

估　价：USD30,000–34,000

香港邦瀚斯，1077，2013年11月23日

红宝钻石戒指

重4.84克

红宝1.11克拉，钻石0.31克拉，PT900铂金，日本工艺。此款红宝戒指采用水滴形红宝，配上水滴形钻石，尽显女性柔情似水。

估　价：RMB15,000–25,000

成交价：RMB16,800

北京荣宝，□1305，2013年12月15日

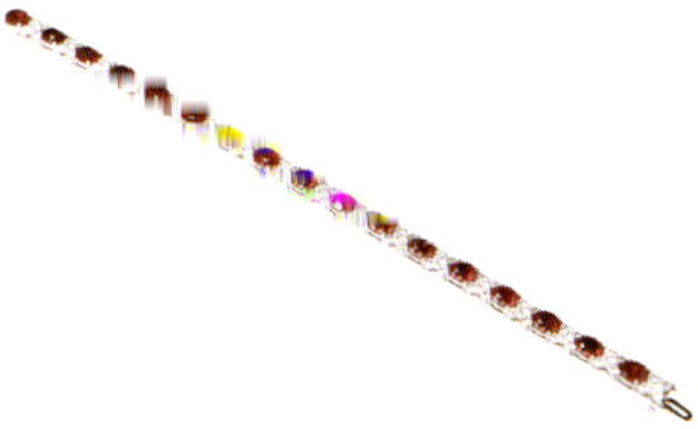

红宝钻石手链

手链长度约180毫米，重18.96克

红宝石以缅甸产为尊，其独特的鸽血红色更是高贵的象征。本款手链精选了17颗色泽相同的缅甸红宝，达15.26克拉，配钻达3.71克拉。鲜红美艳，工艺精湛。

估　价：RMB130,000–250,000

成交价：RMB145,600

北京荣宝，□1323，2013年12月15日

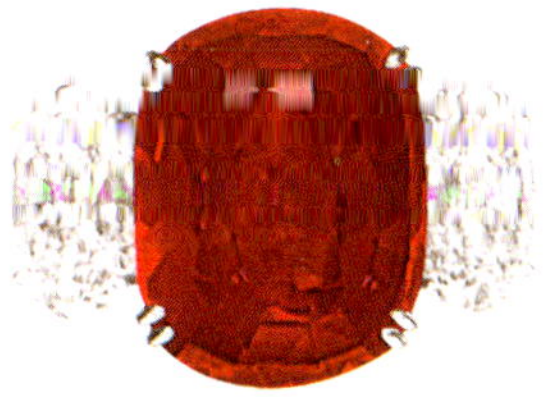

红宝石钻石戒指

戒指尺寸6

镶18K白金，两颗椭圆形钻石分别为3.18克拉H色VVS1及3.11克拉克色VVS1。

估　价：HKD13,500,000–16,000,000

估　价：USD1,750,000–1,950,000

香港天成，584，2013年12月8日

红宝18K金镶钻项链

项链长度约410毫米，重21.4克

红宝主石1.19克拉，配镶7.87克拉红宝，均未经过热处理，钻石1.078克拉，18K黄金。

估　价：RMB55,000–78,000

北京荣宝，2032，2013年9月8日

红宝石钻石项链

项链长度约420毫米

镶铂金及18K黄金，红宝石共重约58.3克拉，钻石共重约75.8克拉。

估 价：HKD2,500,000–3,300,000

估 价：USD330,000–430,000

香港天成，※408，2013年12月8日

未加热红宝钻石项链

项链长度约410毫米，重40.8克

9颗红宝共计9.9克拉，未经热处理，钻石6克拉，F–克色，VS1–VS2净度，18K白金。

估 价：RMB200,000–300,000

成交价：RMB201,600

北京荣宝，□1350，2013年12月15日

隐蔽式镶嵌天然红宝石配钻石（螃蟹）胸针

18K黄金隐蔽式镶嵌天然红宝石配钻石，精湛的工艺，增添无限极致柔美的触感。

估 价：HKD22,000–32,000

估 价：USD2,800–4,100

成交价：HKD34,500

保利香港，2684，2013年10月6日

天然红宝石、蓝宝石、钻石戒指（三件套）

黄金镶嵌天然红宝石、蓝宝石、钻石戒指，随意搭配的设计，新颖别致，传递活力与自信的气质。

估 价：HKD35,000–55,000

估 价：USD4,500–7,100

成交价：HKD40,250

保利香港，2686，2013年10月6日

黑金镶红宝石戒指

18K黑金镶红宝石戒指，黑色与红色的经典色彩搭配，鲜明靓丽，中间的红宝石在映衬之下显得极为浓艳。

估 价：RMB100,000–150,000

北京银座国际，1602，2013年12月2日

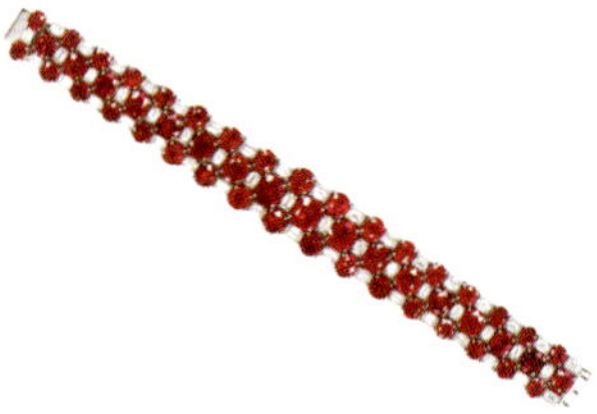

红宝石钻石手链

手链长度约170毫米

镶铂金，51颗椭圆形红宝石共重60.4克拉。

估　价：HKD5,000,000–7,500,000

估　价：USD650,000–970,000

香港天成，※365，2013年12月8日

红宝石配钻石手链

红宝石共重54.00克拉

估　价：HKD350,000–420,000

估　价：USD45,000–54,000

香港苏富比，1366，2013年12月6日

红宝石钻石手链

手链长度约178毫米

镶18K白金。

估　价：HKD150,000–200,000

估　价：USD20,000–26,000

香港天成，※163，2013年6月15日

红宝石配彩色钻石蝴蝶丝巾扣

估　价：HKD90,000–130,000

估　价：USD12,000–17,000

香港天成，※401，2013年12月8日

蓝宝石

天然蓝宝石配镶钻石戒指

主石尺寸约9.15毫米×9.03毫米
18K白金镶嵌5.07克拉天然斯里兰卡蓝宝石，配以0.83克拉钻石，清新明丽。
估 价：RMB80,000-120,000
北京保利，6738，2013年6月5日

天然蓝宝石配镶钻石戒指

主石尺寸约为14.21毫米×12.38毫米
900铂金镶嵌12.62天然蓝宝石，色调清新明亮，配镶钻石，光彩照人。
估 价：RMB90,000-120,000
北京保利，6742，2013年6月5日

蓝宝石、红宝石及钻石戒指及项链套装

估 价：HKD160,000-240,000
估 价：USD21,000-31,000
香港邦瀚斯，1090，2013年11月23日

天然蓝宝石配镶钻石戒指

戒面尺寸约为11.39毫米×8.75毫米
18K白金镶4.88克拉蓝宝石带钻戒指，蓝宝石颜色纯正，款式豪华大气。
估 价：RMB120,000-220,000
北京保利，8574，2013年12月5日

天然星光蓝宝石配镶钻石戒指

14K白金镶嵌16.17克拉天然星光蓝宝石，配以璀璨钻石，星光笔直灵动。
估 价：RMB90,000-120,000
北京保利，6741，2013年6月5日

蓝宝石戒指

重13.067克
估 价：RMB10,000-20,000
成交价：RMB32,200
北京远方，1246，2013年12月2日

天然蓝宝石配镶钻石戒指

主石尺寸约为10.08毫米×9.57毫米
18K白金镶嵌蓝宝石戒指，主石重约6.30克拉，椭圆明亮琢型，沁蓝袭心，光彩浓艳，璀璨钻光陪衬，奢华致雅，灵光瞬彩。
估　价：RMB120,000—200,000
成交价：RMB138,000
北京保利，8776，2013年12月5日

蓝宝石手链

手链长度约175毫米，重15.5克
估　价：RMB18,000—25,000
成交价：RMB20,160
北京荣宝，2017，2013年9月8日

天然皇家蓝蓝宝石戒指

主石尺寸约为15.47毫米×13.77毫米
18K白金镶嵌19.89克拉天然皇家蓝蓝宝石戒指，主石色泽鲜艳生动，为正统“皇家蓝”，枕垫型宝石通体莹亮绚丽，修饰型明亮切工，尽显宝石湛蓝澄亮之美。
估　价：RMB280,000—480,000
北京保利，8783，2013年12月5日

蓝宝钻石手链

手链长度约180毫米，重18.53克
斯里兰卡蓝宝石15.89克拉，钻石3.68克拉，18K白金。香港制作。斯里兰卡蓝宝石因色泽艳丽、透明度高而倍受青睐。本款首饰华贵典雅，皇家蓝魅力尽显。与本次同时登场的红宝石、祖母绿手链组成华彩系列，既可分别佩戴，也可组合使用。
估　价：RMB100,000—200,000
北京荣宝，□1324，2013年12月15日

缅甸天然皇家蓝蓝宝石戒指

主石尺寸约为10.15毫米×8.89毫米×6.72毫米
18K白金镶嵌5.58克拉缅甸天然皇家蓝蓝宝石戒指，未经加热处理，天然蓝宝石配钻石，造型简约，复古优雅。
估　价：RMB220,000—350,000
成交价：RMB333,500
北京保利，8787，2013年12月5日

天然蓝宝石配镶钻石戒指

主石尺寸约为11.13毫米×9.62毫米
18K白金镶嵌蓝宝石戒指，蓝宝石主石重约5.26克拉，椭圆刻面琢型，高贵“皇家蓝”，配以橄榄形、三角形、圆形璀钻，火彩撩人，瑰丽生动，美艳照人。
估　价：RMB280,000—480,000
成交价：RMB322,000
北京保利，8785，2013年12月5日

天然蓝宝石配镶钻石戒指

主石尺寸约为13.02毫米×9.85毫米×8.43毫米
18K白金镶嵌9.59克拉天然斯里兰卡蓝宝石戒指，幽兰深邃，配以璀璨钻石，尽显奢华贵气。
估　价：RMB180,000—280,000
北京保利，8781，2013年12月5日

蓝宝石配镶钻石戒指

主石尺寸约为13.97毫米×12.02毫米
18K白金镶嵌10.70克拉蓝宝石带钻戒指，蓝色神秘迷人，款式大气时尚。
估　价：RMB400,000–600,000
成交价：RMB460,000
北京保利，8788，2013年12月5日

天然蓝宝石配镶钻石戒指

主石尺寸约为15.97毫米×8.19毫米×5.41毫米
18K白金镶嵌5.66克拉马眼型蓝宝石戒指，配以1克拉高精度钻石，风尚雅致。
估　价：RMB45,000–85,000
北京保利，8765，2013年12月5日

蓝宝钻石吊坠项链

项链长度约420毫米，重41.8克
蓝宝主石2.55克拉，蓝宝配石15.6克拉，未经热处理，钻石3.2克拉，F色，VS净度，18K白金。
估　价：RMB88,000–128,000
北京荣宝，□1337，2013年12月15日

天然蓝宝石配钻石戒指

主石尺寸约为11.14毫米×9.90毫米
950铂金镶嵌6.09克拉蓝宝石戒指，幽兰深邃，配以总重0.6克拉钻石花式镶嵌，别致典雅。
估　价：RMB500,000–800,000
北京保利，8791，2013年12月5日

天然皇家蓝蓝宝石戒指

18K白金镶嵌4.89克拉天然椭圆形切割皇家蓝蓝宝石配1.18克拉钻石戒指，设计新颖，配以心形切割钻石，复古可爱。
估　价：RMB95,000–150,000
北京保利，8774，2013年12月5日

天然皇家蓝蓝宝石配镶钻石戒指

18K白金镶嵌12.04克拉蓝宝石，蓝色深邃，配以1.43克拉天然钻石，高贵华丽尽显。
估　价：RMB620,000–1,120,000
北京保利，8796，2013年12月5日

蓝宝石及钻石项链 约1965年

估　价：HKD390,000–550,000

估　价：USD50,000–71,000

香港邦瀚斯，1178，2013年11月23日

蓝宝钻石吊坠项链

项链长度约420毫米，重20.8克

蓝宝7.7克拉，垫形，未经热处理，白钻3.52克拉，F色，VS净度，18K白金。

估　价：RMB150,000–250,000

成交价：RMB156,800

北京荣宝，□1333，2013年12月15日

10.33克拉蓝宝铂金镶钻吊坠项链

项链长度约430毫米，重11.7克

蓝宝石10.33克拉，未经热处理，钻石0.65克拉，PT900。

估　价：RMB90,000–150,000

北京荣宝，2025，2013年9月8日

天然星光蓝宝石配钻石戒指

铂金镶嵌3.92克拉淡蓝色椭圆形天然星光蓝宝石，配镶圆形钻石，主石颜色淡雅，彰显活力而自信的气质。

估　价：HKD25,000–45,000

估　价：USD 3,200–5,800

成交价：HKD28,750

保利香港，2554，2013年10月6日

天然蓝宝石配钻石戒指

18K黄金密镶钻石的戒指，中央镶嵌6颗椭圆形天然蓝宝石，设计时尚，彰显时代风貌。指环印有梵克雅宝品牌印记。

估　价：HKD28,000–38,000

估　价：USD3,600–4,900

成交价：HKD46,000

保利香港，2571，2013年10月6日

蓝宝钻石戒指

重5.27克

蓝宝1.41克拉，钻石0.24克拉，PT900铂金。此藏品采用传统样式，突出了皇家蓝蓝宝石的色泽与美丽。

估　价：RMB15,000–25,000

成交价：RMB20,160

北京荣宝，□1302，2013年12月15日

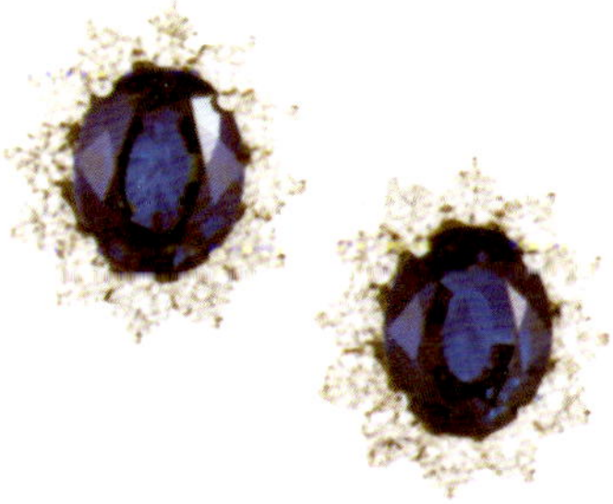

天然蓝宝石配镶钻石耳环（一对）

主石尺寸约为9.76毫米×12.51毫米
白金镶嵌6.91克拉及6.7克拉天然蓝宝石，蓝色雅致清新，配镶钻石，闪耀动人。
估　价：RMB440,000–560,000
北京保利，6854，2013年6月5日

天然蓝宝石配镶钻石吊坠

主石尺寸约为11.50毫米×8.48毫米×4.61毫米
18K白金镶嵌4.24克拉椭圆形天然蓝宝石吊坠，配以1.32克拉高净度钻石，蓝宝石清澈浓艳，时尚典雅。
估　价：RMB30,000–50,000
成交价：RMB34,500
北京保利，8764，2013年12月5日

天然皇家蓝蓝宝石配钻石戒指

铂金镶嵌23.93克拉缅甸天然皇家蓝蓝宝石，幽兰清丽，纯净柔和，配以梨形的钻石，温婉中暗藏深邃，传递出绚丽华美的怡人之感。
估　价：HKD3,800,000–5,800,000
估　价：USD487,200–743,600
成交价：HKD4,600,000
保利香港，2627，2013年10月6日

蓝宝石与钻石袖扣套装

估　价：HKD80,000–100,000
估　价：USD10,300–12,900
估　价：NT308,000–385,000
罗夫奥香港，717，2013年11月26日

天然蓝宝石配钻石胸针

白金镶嵌梨形天然蓝宝石，幽兰清丽，配圆形钻石，缤纷闪耀。
估　价：HKD58,000–88,000
估　价：USD7,400–11,300
成交价：HKD66,700
保利香港，2720，2013年10月6日

天然粉色蓝宝石配钻石胸针

18K白金镶嵌天然粉色蓝宝石，搭配钻石修饰的露珠与叶茎，精致唯美，徐徐生辉。
估　价：HKD18,000–28,000
估　价：USD2,300–3,600
保利香港，2683，2013年10月6日

白金镶蓝宝石及钻石戒指

18K白金镶蓝宝石钻石戒指，中央斯里兰卡蓝宝石重达7.64克拉，周围配以群镶的钻石，闪耀动人。
估　价：RMB250,000–350,000
成交价：RMB287,500
北京银座国际，1603，2013年12月2日

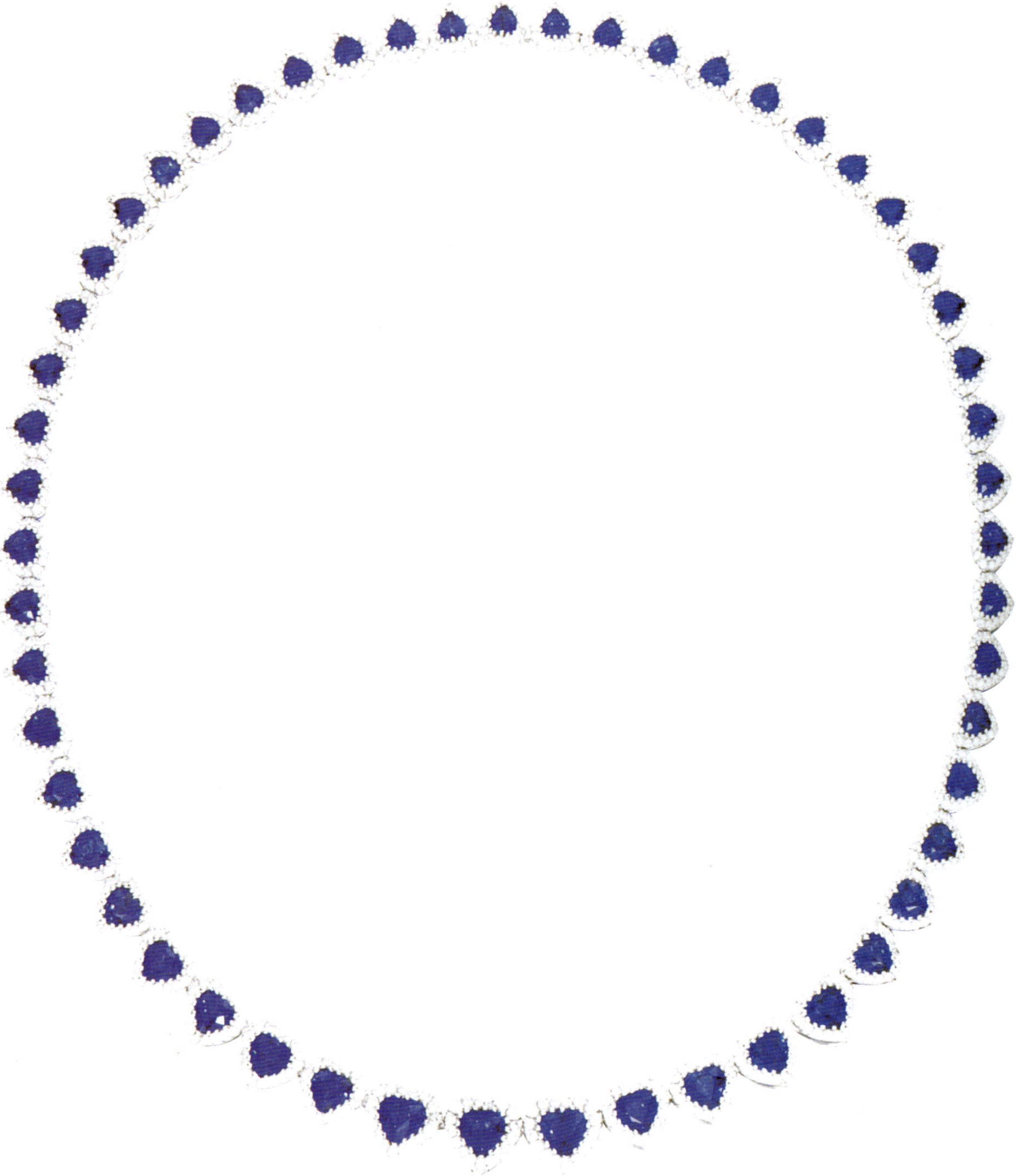

蓝宝石钻石项链

项链长度约420毫米

镶18K白金，53颗蓝宝石共重约26.37克拉，钻石共重约5.6克拉。

估 价：HKD130,000–180,000

估 价：USD17,000–24,000

香港天成，※106，2013年6月15日

缅甸天然皇家蓝蓝宝石项链

项链最大颗尺寸约为9.5毫米×11.19毫米

18K白金镶嵌共70.49克拉缅甸天然皇家蓝蓝宝石，配以21.93克拉钻石，蓝色幽静澄澈，雍容华贵。

估　价：RMB2,000,000–2,600,000

北京保利，6873，2013年6月5日

铂金星光蓝宝石戒指

重6.85克
估　价：JPY30,000
估　价：RMB1,950
横滨国际，1052，2013年9月1日

铂金蓝宝石戒指

重7.7克
估　价：JPY30,000
估　价：RMB1,950
横滨国际，1053，2013年9月1日

铂金星光蓝宝石戒指

重6.85克
估　价：JPY30,000
估　价：RMB1,950
横滨国际，1054，2013年9月1日

18K白金蓝宝石手链

长165毫米
估　价：HKD48,000
大唐国际，7，2013年11月28日

蓝宝石钻石手链

手链长度约183毫米
镶18K白金，22颗蓝宝石共重约9.78克拉，钻石共重约4.2克拉。
估　价：HKD80,000–120,000
估　价：USD11,000–16,000
香港天成，※105，2013年6月15日

蓝宝石及钻石手链

估　价：HKD78,000–120,000
估　价：USD10,000–15,000
香港邦瀚斯，1011，2013年11月23日

海蓝宝手串（18粒）

估　价：RMB58,000−70,000

上海新华，355，2013年12月26日

白金镶蓝宝石及钻石戒指

复古设计款18K白金镶钻石蓝宝石戒指。

估　价：RMB15,000−20,000

成交价：RMB23,000

北京银座国际，1581，2013年12月2日

铂金星光蓝宝石戒指

重9.91克

估　价：JPY50,000

估　价：RMB3,250

横滨国际，1055，2013年9月1日

铂金星光蓝宝石戒指

重12.5克

估　价：JPY80,000

估　价：RMB5,200

横滨国际，1056，2013年9月1日

铂金星光蓝宝石戒指

重10.1克

估　价：JPY80,000

估　价：RMB5,200

横滨国际，1057，2013年9月1日

铂金星光蓝宝石戒指

重14.1克

估　价：JPY120,000

估　价：RMB7,800

横滨国际，1058，2013年9月1日

铂金星光蓝宝石戒指

重9.7克

估　价：JPY180,000

估　价：RMB11,700

横滨国际，1060，2013年9月1日

铂金星光蓝宝石戒指

重14.1克

估　价：JPY50,000

估　价：RMB3,250

横滨国际，1069，2013年9月1日

铂金星光蓝宝石戒指
重12.3克
估　价：JPY150,000
估　价：RMB9,750
横滨国际，1059，2013年9月1日

铂金星光蓝宝石戒指
重15.5克
估　价：JPY280,000
估　价：RMB18,200
横滨国际，1061，2013年9月1日

铂金蓝宝石戒指
重6克
估　价：JPY30,000
估　价：RMB1,950
横滨国际，1138，2013年9月1日

铂金蓝宝石戒指
重5.53克
估　价：JPY30,000
估　价：RMB1,950
横滨国际，1139，2013年9月1日

铂金蓝宝石戒指
重9.3克
估　价：JPY30,000
估　价：RMB1,950
横滨国际，1141，2013年9月1日

铂金蓝宝石戒指
重6.1克
估　价：JPY30,000
估　价：RMB1,950
横滨国际，1143，2013年9月1日

铂金蓝宝石戒指
重9.3克
估　价：JPY20,000
估　价：RMB1,300
横滨国际，1140，2013年9月1日

铂金蓝宝石戒指
重6.5克
估　价：JPY50,000
估　价：RMB3,250
横滨国际，1142，2013年9月1日

铂金蓝宝石戒指
重8.43克
估　价：JPY130,000
估　价：RMB8,450
横滨国际，1185，2013年9月1日

天然彩色蓝宝石戒指、手链、项链及胸针套装

18K玫瑰金镶嵌天然彩色蓝宝石，颜色丰富，色彩艳丽，制以花形、心形样式，迷人可爱。

估　价：RMB250,000–320,000

北京保利，6581，2013年6月5日

铂金蓝宝石戒指
重7.89克
估　价：JPY150,000
估　价：RMB9,750
横滨国际，1186，2013年9月1日

铂金海蓝宝石戒指
重25.43克
估　价：JPY100,000
估　价：RMB6,500
日本美协，234，2013年9月7日

铂金蓝宝石戒指
估　价：JPY120,000
估　价：RMB7,800
日本美协，297，2013年9月7日

铂金蓝宝石戒指
重13.94克
估　价：JPY800,000
估　价：RMB52,000
横滨国际，1199，2013年9月1日

铂金蓝宝石戒指
重7.5克
估　价：JPY200,000
估　价：RMB13,000
日本美协，296，2013年9月7日

铂金蓝宝石戒指
重14.2克
估　价：JPY160,000
估　价：RMB10,400
日本美协，347，2013年9月7日

铂金蓝宝石戒指
重9.2克
估　价：JPY280,000
估　价：RMB18,200
日本美协，348，2013年9月7日

铂金蓝宝石戒指
重10.24克
估　价：JPY200,000
估　价：RMB13,000
日本美协，389，2013年9月7日

铂金蓝宝石戒指
重7.65克
估　价：JPY90,000
估　价：RMB5,850
日本美协，413，2013年9月7日

铂金蓝宝石戒指
重9.18克
估　价：JPY100,000
估　价：RMB6,500
日本美协，388，2013年9月7日

铂金蓝宝石戒指
重6.61克
估　价：JPY80,000
估　价：RMB5,200
日本美协，412，2013年9月7日

铂金蓝宝石戒指
重22.79克
估　价：JPY400,000
估　价：RMB26,000
日本美协，414，2013年9月7日

铂金星光蓝宝石戒指
重18.37克
估　价：JPY300,000
估　价：RMB19,500
日本美协，423，2013年9月7日

铂金蓝宝石戒指
重15.48克
估　价：JPY1,800,000
估　价：RMB117,000
日本美协，459，2013年9月7日

18K白金蓝宝石戒指
估　价：HKD10,000
成交价：HKD16,100
大唐国际，4，2013年11月28日

18K金蓝宝石戒指
重12.71克
估　价：JPY250,000
估　价：RMB16,250
横滨国际，1190，2013年9月1日

18K白金蓝宝石戒指
估　价：HKD13,000
成交价：HKD17,250
大唐国际，5，2013年11月28日

18K白金蓝宝石钻石戒指
估　价：HKD25,000
成交价：HKD17,250
大唐国际，6，2013年11月28日

14K黄金镶蓝色、黄色蓝宝石戒指

蓝色主石尺寸约为9.95毫米×7.49毫米，黄色主石尺寸约为9.46毫米×7.59毫米

14K黄金镶嵌黄色、蓝色黄玉带钻戒指，黄玉纯净怡人，造型典雅华丽。

估　价：RMB25,000–45,000

成交价：RMB29,900

北京保利，8766，2013年12月5日

天然「斯里兰卡」蓝宝石配0.43卡拉粉红钻石吊坠/项链

白18K金镶嵌7.43克拉梨形切割斯里兰卡蓝宝石，配镶0.43克拉梨形粉红钻石，外镶白色钻石，炫彩夺目，散发女性娇柔美艳之感。

估　价：RMB230,000–280,000

广州华艺，1645，2013年12月18日

彩色蓝宝14K金镶钻戒指

重8.9克

彩色蓝宝共计11.85克拉，钻石1克拉，14K玫瑰金。

估　价：RMB35,000–45,000

北京荣宝，2020，2013年9月8日

蓝宝石配天然珍珠及珍珠钻石项链

项链长度约806毫米，天然珍珠尺寸约为12.3毫米×12.5毫米×16.75毫米

镶铂金，蓝宝石重约13.9克拉，蓝宝石流苏重约179克拉，钻石共重约3.4克拉。

估　价：HKD750,000–1,000,000

估　价：USD97,000–130,000

香港天成，※399，2013年12月8日

18K金蓝宝石戒指

重7.3克
估 价：JPY220,000
估 价：RMB14,300
日本美协，224-3，2013年9月7日

18K金蓝宝石戒指

重4.9克
估 价：JPY220,000
估 价：RMB14,300
日本美协，224-4，2013年9月7日

白金镶蓝宝石及钻石手链

复古设计款白金镶蓝宝石及钻石手链，碎白钻总4.23克拉、碎蓝宝石总4.2克拉。
估 价：RMB120,000-140,000
北京银座国际，1594，2013年12月2日

18K金蓝宝石戒指

重13.21克
估 价：JPY250,000
估 价：RMB16,250
日本美协，387，2013年9月7日

14K白金蓝宝石戒指

重13.37克
估 价：JPY180,000
估 价：RMB11,700
日本美协，390，2013年9月7日

蓝宝钻戒

重14.04克
估 价：RMB12,000-25,000
成交价：RMB25,300
北京远方，1251，2013年12月2日

缅甸产天然蓝宝石配镶钻石项链、耳环套装

项链长度约为415毫米

18K白金镶嵌总重72.6克拉缅甸天然蓝宝石项链，86颗蓝宝石与86颗钻石的完美结合，蓝色浓郁，彰显王室风范，贵族气质；18K白金镶嵌总重10.82克拉蓝宝石耳环，设计时尚，精美绝伦。

估 价：RMB1,100,000-1,800,000

北京保利，8581，2013年12月5日

粉红蓝宝石配钻石项链

估　价：HKD320,000–380,000

估　价：USD41,300–49,000

估　价：TWD1,231,000–1,462,000

罗夫奥香港，771，2013年11月26日

蓝宝石手链

估　价：HKD195,000–280,000
估　价：USD25,000–36,000
香港邦瀚斯，1157，2013年11月23日

蓝宝石及钻石手链

估　价：HKD275,000–325,000
估　价：USD35,000–42,000
香港邦瀚斯，1080，2013年11月23日

蓝宝石手链　约1960年

估　价：HKD80,000–120,000
估　价：USD10,000–15,000
香港邦瀚斯，1095，2013年11月23日

18K白金蓝宝石吊坠

长13毫米
估　价：HKD6,500
成交价：HKD7,476
大唐国际，12，2013年11月28日

18K白金蓝宝石吊坠

长16毫米
估　价：HKD9,600
成交价：HKD11,040
大唐国际，14，2013年11月28日

蓝宝石钻石耳环

镶18K白金。
估　价：HKD8,500,000–10,500,000
估　价：USD1,100,000–1,350,000
香港天成，※218，2013年6月15日

蓝宝石配钻石戒指

估　价：HKD1,000,000–1,500,000

估　价：USD130,000–200,000

香港天成，※69，2013年6月15日

蓝宝石及钻石手链　约1935年

估　价：HKD320,000–450,000

估　价：USD41,000–58,000

香港邦瀚斯，1162，2013年11月23日

蓝宝石钻石戒指

估　价：HKD2,750,000–3,600,000

估　价：USD360,000–470,000

香港天成，※73，2013年6月15日

蓝宝石及钻石手链　约1925年

估　价：HKD470,000–630,000

估　价：USD61,000–81,000

香港邦瀚斯，1172，2013年11月23日

蓝宝石及钻石戒指

估　价：HKD120,000–160,000

估　价：USD15,000–21,000

香港邦瀚斯，1012，2013年11月23日

星光蓝宝石及钻石戒指

估　价：HKD78,000–95,000

估　价：USD10,000–12,000

香港邦瀚斯，1076，2013年11月23日

蓝宝石及钻石戒指

估　价：HKD200,000–300,000

估　价：USD26,000–39,000

香港邦瀚斯，1161，2013年11月23日

蓝宝石钻石戒指

估　价：HKD1,000,000–1,300,000
估　价：USD130,000–170,000
香港天成，※577，2013年12月8日

蓝宝石、钻石及彩钻手链 约1940年

估　价：HKD550,000–750,000
估　价：USD71,000–97,000
香港邦瀚斯，1182，2013年11月23日

蓝宝石及钻石戒指

估　价：HKD1,000,000–1,500,000
估　价：USD130,000–190,000
香港邦瀚斯，1176，2013年11月23日

蓝宝石及钻石戒指

估　价：HKD560,000–760,000
估　价：USD72,000–98,000
香港邦瀚斯，1179，2013年11月23日

蓝宝石及钻石胸针

估　价：HKD63,000–80,000
估　价：USD8,100–10,000
香港邦瀚斯，1016，2013年11月23日

皇家蓝蓝宝石钻石戒指

估　价：HKD6,000,000–8,000,000
估　价：USD780,000–1,000,000
成交价：HKD6,726,000
香港天成，※580，2013年6月15日

蓝宝钻石戒指

重7.6克
蓝宝2.43克拉，钻石0.41克拉，PT900铂金，18K黄金，日本工艺。
估　价：RMB18,000–28,000
北京荣宝，□1307，2013年12月15日

蓝宝钻石戒指

重24.78克
蓝宝2.93克拉，钻石0.5克拉，18K黄金，PT900铂金，日本工艺。
估　价：RMB38,000–48,000
北京荣宝，□1315，2013年12月15日

铂金蓝宝石项链

长420毫米，重68.53克

估　价：JPY800,000

估　价：RMB52,000

日本美协，299，2013年9月7日

蓝宝石配钻石套装

蓝宝石共重约55克拉；配钻共重约14.5克拉。

估　价：HKD200,000–240,000

估　价：USD25,000–30,000

香港苏富比，1389，2013年12月6日

蓝宝石钻石耳环及项链套组

镶铂金及18K白金，项链蓝宝石共重约80.71克拉，耳环蓝宝石共重约15.2克拉，钻石共重约24克拉。

估　价：HKD3,800,000–4,300,000

估　价：USD490,000–560,000

香港天成，※41，2013年6月15日

蓝宝钻石戒指

重12.89克

蓝宝4.18克拉，皇家蓝色；钻石1.65克拉，PT900铂金。蓝宝石以神秘的颜色和晶莹剔透的美感，被列为四大宝石之一。本款蓝宝石达4.18克拉，呈当今最受欢迎的皇家蓝色，晶莹剔透，毫无瑕疵，蓝宝石内部反射的火彩十分丰富。配钻1.65克拉，以贵金属之王铂金镶嵌，采用经典的西洋式设计，颇为贵气。

估　价：RMB60,000–80,000

成交价：RMB67,200

北京荣宝，□1326，2013年12月15日

27.1克拉星光蓝宝钻石戒指

重17.14克

星光蓝宝27.14克拉，钻石3.85克拉，18K白金。台湾制作。星光蓝宝石顶部呈现六道星芒，以星线的交汇点位于宝石中央，星线清晰灵活者为上品。产生星光的内含物，通常降低了宝石的透明度。本款星光蓝宝石达27.1克拉，集宝石硕大、透明度高、星线清晰灵活、色彩美丽等诸多优质于一身，是颇为难得的收藏级珠宝。

估　价：RMB100,000–200,000

成交价：RMB123,200

北京荣宝，□1353，2013年12月15日

蓝宝钻石戒指

重14.17克

未经热处理的蓝宝石6.37克拉，皇家蓝色，钻石0.9克拉，PT900铂金。未经加热优化的蓝宝石，因其天然浑成的魅力，倍受买家推崇，而能达到皇家蓝色，更属凤毛麟角。本款6.37克拉的皇家蓝色天然蓝宝石，色泽深邃，清澈无瑕，内部反射出梦幻般的火焰。两侧的配钻亮丽硕大，款式新颖，极为珍贵。

估　价：RMB150,000–250,000

北京荣宝，□1352，2013年12月15日

白金镶蓝宝石及钻石耳饰

复古设计款，18K白金镶嵌钻石、蓝宝石耳坠。

估　价：RMB30,000–40,000

成交价：RMB36,800

北京银座国际，1586，2013年12月2日

白金镶蓝宝石及钻石耳坠

复古设计款，18K白金镶钻石及蓝宝石耳坠。

估　价：RMB30,000–40,000

成交价：RMB40,250

北京银座国际，1582，2013年12月2日

珐琅彩配海水蓝宝及钻石吊耳环（一对）

估　价：HKD80,000–120,000

估　价：USD10,000–15,500

香港苏富比，1486，2013年12月6日

18K金海蓝宝戒指

淡蓝色的心形海蓝宝戒指，通透纯净，有着钻石般的光芒。配以18K白金镶嵌。
估　价：RMB5,000–8,000
成交价：RMB8,050
北京传是国际，835，2013年12月11日

蓝宝钻石戒指

重5.44克
蓝宝0.92克拉，钻石0.28克拉，18K白金。日本工艺。
估　价：RMB12,000–18,000
成交价：RMB13,440
北京荣宝，□1304，2013年12月15日

蓝宝钻石戒指

重8克
蓝宝2.35克拉，未经热处理，钻石0.5克拉，14K白金。
估　价：RMB18,000–28,000
成交价：RMB20,160
北京荣宝，□1314，2013年12月15日

斯里兰卡天然蓝宝石配镶钻石项链

最大颗尺寸约为8.51毫米×12.08毫米
18K白金镶嵌共24.09克拉斯里兰卡天然蓝宝石，配以钻石，蓝色高雅大方，宁静致远。
估　价：RMB300,000–400,000
北京保利，6853，2013年6月5日

蓝宝石与钻石戒指

估　价：HKD32,000–38,000
估　价：USD4,100–4,900
估　价：TWD123,000–146,000
成交价：HKD43,200
罗夫奥香港，718，2013年11月26日

白金镶蓝宝石及钻石耳坠

18K白金镶16颗3.91克拉蓝宝石及74颗1.66克拉钻石耳坠。
估　价：RMB45,000–55,000
成交价：RMB51,750
北京银座国际，1593，2013年12月2日

18K白金蓝宝石项链

长450毫米，重51.8克

估　价：JPY600,000

估　价：RMB39,000

日本美协，391，2013年9月7日

白金镶蓝宝石及钻石耳坠

复古设计款，18K白金镶18粒总重为2.3克拉的蓝宝石及28粒总重为0.45克拉的钻石耳坠。
估　价：RMB30,000–40,000
成交价：RMB43,700
北京银座国际，1587，2013年12月2日

白金镶蓝宝石及钻石耳钉

18K白金镶2颗总重1.17克拉的蓝宝石、钻石耳钉。
估　价：RMB8,000–12,000
成交价：RMB13,800
北京银座国际，1583，2013年12月2日

天然蓝宝石配钻石耳环

铂金镶嵌深蓝色梨形蓝宝石，分别重5.5克拉及4.88克拉，总共配镶92颗钻石重1.01克拉，曼妙的垂感，幽兰的色泽，演绎出优雅柔美的气质。
估　价：RMB180,000–210,000
广州华艺，1632，2013年12月18日

天然蓝宝石配钻石手镯、戒指套装

手镯尺寸56毫米
18K黄金镶嵌7颗总重约6.5克拉的枕形蓝宝石，配以总重约1.4克拉的钻石，手工细致，精美无瑕。
估　价：HKD28,000–48,000
估　价：USD3,600–6,200
成交价：HKD115,000
保利香港，2570，2013年10月6日

7.68克拉未加热黄色蓝宝钻石戒指

重7.41克
未经热处理的黄色蓝宝7.68克拉，钻石1.66克拉，18K白金。蓝宝石并不限于蓝色。红蓝宝石的矿物质均为刚玉，除红色之外皆被称为蓝宝石。本款天然黄色蓝宝石，未经加热优化，色彩纯正，熠熠生辉，如黄钻一般亮丽。
估　价：RMB80,000–120,000
成交价：RMB91,840
北京荣宝，□1351，2013年12月15日

蓝宝钻石胸针

重15.1克
蓝宝5.74克拉，钻石0.6克拉，PT900铂金，日本工艺。
估　价：RMB40,000–60,000
成交价：RMB44,800
北京荣宝，□1319，2013年12月15日

猫眼

天然亚历山大变石猫眼配镶钻石戒指

主石尺寸约为10.08毫米×12.71毫米

18K白金镶嵌9.95克拉天然亚历山大变石猫眼，眼线细直明亮，不同光照下呈现不同色泽，配以钻石，美轮美奂。

估　价：RMB240,000–320,000

成交价：RMB276,000

北京保利，6852，2013年5月12日

天然金绿猫眼配镶钻石戒指

主石尺寸约16.26毫米×16.96毫米

18K白金镶嵌30.2克拉天然绿猫眼，配以璀璨钻石，眼线明亮，珍奇华美。

估　价：RMB560,000–660,000

成交价：RMB644,000

北京保利，6871，2013年5月12日

铂金猫眼戒指

重7.25克

估　价：JPY50,000

估　价：RMB3,250

横滨国际，1146，2013年9月1日

猫眼戒指

重10.239克

估　价：RMB6,000–10,000

成交价：RMB11,500

北京远方，1117，2013年11月29日

铂金猫眼戒指

重10.8克

估　价：JPY80,000

估　价：RMB5,200

横滨国际，1067，2013年9月1日

铂金猫眼戒指

重8.9克

估　价：JPY150,000

成交价：RMB9,750

横滨国际，1147，2013年9月1日

铂金猫眼戒指

重11克

估　价：JPY50,000

估　价：RMB3,250

横滨国际，1066，2013年9月1日

铂金猫眼戒指

重11.2克

估　价：JPY150,000

估　价：RMB9,750

横滨国际，1068，2013年9月1日

铂金猫眼戒指

重8.7克

估　价：JPY50,000

估　价：RMB3,250

横滨国际，1148，2013年9月1日

欧泊

欧泊戒指

重4.884克
估　价：RMB2,000–4,000
成交价：RMB3,450
北京远方，1101，2013年11月29日

铂金昆士兰欧泊戒指

重14.17克
估　价：JPY80,000
估　价：RMB5,200
日本美协，232，2013年9月7日

天然黑欧泊配镶辉石孔雀型吊坠

主石尺寸约为24.13毫米×13.72毫米
18K玫瑰金镶嵌天然欧泊吊坠，色彩鲜艳，变彩效应与孔雀造型设计相结合，栩栩如生，配镶辉石、钻石，精美之至。
估　价：RMB15,000–25,000
北京保利，8545，2013年12月5日

欧泊18K金吊坠项链——“海之恋”

项链长度约450毫米，重14.5克
欧泊20.83克拉，钻石0.08克拉，18K金。
估　价：RMB30,000–40,000
北京荣宝，2064，2013年9月8日

天然欧泊配镶钻石吊坠

吊坠尺寸约为57.49毫米×30.21毫米
18K金镶欧泊吊坠，欧泊变彩强，转动吊坠颜色变幻宛如彩虹，一只小青蛙酣然其上，生动自然。
估　价：RMB15,000–25,000
成交价：RMB11,500
北京保利，8543，2013年12月5日